法律法规注释红宝书

中华人民共和国
劳动争议调解仲裁法

注释红宝书

《法律法规注释红宝书》编写组 编

中国法治出版社
CHINA LEGAL PUBLISHING HOUSE

编写说明

《法律法规注释红宝书》丛书旨在为广大读者提供一套精准、高效且便于使用的法律工具书。本丛书在严格遵循法律法规标准文本的基础上，精心设计编排体例，融入创新实用的学习辅助工具，力求满足读者快速检索、深入理解、系统掌握法律知识的核心需求。

本丛书核心特点与实用价值如下：

【标准文本】完整收录法律法规标准文本，确保内容的准确性与时效性。精心提炼法律条文主旨，高度概括法条的核心要义与适用范围，便于读者迅速把握法律的整体脉络与关键章节，提升法律检索的效率。

【疑难注释】针对法律条文中的重点难点及易产生歧义之处，设置"疑难注释"版块，结合关联条文，对关键法律术语及法律适用中的复杂情形和实践难点进行深入解析。通过抽丝剥茧、化繁为简的阐释，将晦涩难懂的法律条文转化为通俗易懂的知识点，有效扫清理解障碍。

【思维导图】创新性引入可视化工具,在"图解法律"版块将法律条文之间的逻辑关系、知识结构以清晰、直观的图表形式呈现。通过绘制"法律知识地图",帮助读者摆脱枯燥的文字记忆,快速建立系统化的法律知识框架,深刻理解法律规范的内在联系与体系架构。

【实务点拨】立足法律实践,在"实务点拨"版块精选司法机关发布的公报案例、指导案例及典型案例等,以便于阅读进行了必要的节录等编辑加工。通过展示司法观点,揭示法律条文在实践中的应用规则、裁判尺度和常见问题处理方式,为读者提供宝贵的实务操作指引和经验借鉴。

我们始终秉持严谨、专业的态度进行编撰,力求为读者提供高品质法律学习参考工具书。由于编者水平有限,书中难免存在疏漏或不尽完善之处,敬请广大读者不吝赐教,提出宝贵的批评与建议。

读者可登录中国法治出版社网站 https://www.zgfzs.com/或者关注微信公众号、抖音号"中国法治出版社"获取更多新书资讯。

《法律法规注释红宝书》编写组

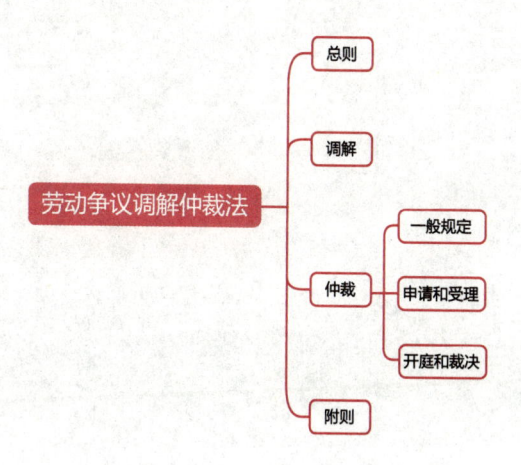

```
劳动争议调解仲裁法
├── 总则
├── 调解
├── 仲裁
│   ├── 一般规定
│   ├── 申请和受理
│   └── 开庭和裁决
└── 附则
```

目 录

中华人民共和国劳动争议调解仲裁法

第一章 总 则 ………………………… (2)
  第一条 立法目的 ………………… (2)
  第二条 适用范围 ………………… (3)
  第三条 基本原则 ………………… (6)
  第四条 协商 ……………………… (7)
  第五条 调解、仲裁、诉讼 ……… (9)
  第六条 举证责任 ………………… (12)
  第七条 推举代表参加调解、仲
            裁或诉讼 ………………… (15)
  第八条 三方机制 ………………… (18)

第九条　拖欠劳动报酬等争议的
　　　　行政救济······················(20)
第二章　调　　解··························(26)
　第 十 条　调解组织······················(26)
　第十一条　调解员························(30)
　第十二条　申请调解的形式··············(33)
　第十三条　调解的基本原则··············(34)
　第十四条　调解协议书··················(35)
　第十五条　不履行调解协议可申请
　　　　　　仲裁··························(38)
　第十六条　劳动者可以持调解协议
　　　　　　书申请支付令的情形·········(39)
第三章　仲　　裁··························(42)
　第一节　一般规定·······················(42)
　第十七条　劳动争议仲裁委员会的
　　　　　　设立··························(42)
　第十八条　政府的职责··················(42)
　第十九条　劳动争议仲裁委员会
　　　　　　的组成与职责·················(43)

第二十条	仲裁员	(45)
第二十一条	劳动争议仲裁案件的管辖	(48)
第二十二条	劳动争议仲裁案件的当事人	(52)
第二十三条	有利害关系的第三人	(58)
第二十四条	委托代理人参加仲裁活动	(60)
第二十五条	法定代理人、指定代理人或近亲属参加仲裁的情形	(62)
第二十六条	仲裁公开原则及例外	(63)

第二节　申请和受理 ……………………………… (63)

第二十七条	仲裁时效	(63)
第二十八条	申请仲裁的形式	(68)
第二十九条	仲裁的受理	(71)
第 三十 条	被申请人答辩书	(77)

第三节　开庭和裁决 ……………………………… (78)

第三十一条	仲裁庭	(78)

第三十二条	通知仲裁庭的组成情况	(80)
第三十三条	回避	(81)
第三十四条	仲裁员承担责任的情形	(83)
第三十五条	开庭通知及延期	(85)
第三十六条	申请人、被申请人无故不到庭或中途退庭	(86)
第三十七条	鉴定	(87)
第三十八条	质证和辩论	(89)
第三十九条	举证	(91)
第 四 十 条	开庭笔录	(95)
第四十一条	申请仲裁后自行和解	(96)
第四十二条	先行调解	(97)
第四十三条	仲裁案件审理期限	(100)
第四十四条	可以裁决先予执行的案件	(104)
第四十五条	作出裁决意见	(105)
第四十六条	裁决书	(106)

第四十七条	一裁终局的案件	(108)
第四十八条	劳动者不服一裁终局案件的裁决提起诉讼的期限	(113)
第四十九条	用人单位不服一裁终局案件的裁决可诉请撤销的案件	(115)
第五十条	其他不服仲裁裁决提起诉讼的期限	(118)
第五十一条	生效调解书、裁决书的执行	(120)

第四章 附 则 (123)

第五十二条	人事争议处理的法律适用	(123)
第五十三条	劳动争议仲裁不收费	(123)
第五十四条	实施日期	(124)

附录一 关联规定

中华人民共和国劳动法 ………… (127)

（2018年12月29日）

中华人民共和国劳动合同法 …………… (151)
　　（2012 年 12 月 28 日）
最高人民法院关于审理劳动争议案件适用
　　法律问题的解释（一） …………… (182)
　　（2020 年 12 月 29 日）
最高人民法院关于审理劳动争议案件适用
　　法律问题的解释（二） …………… (200)
　　（2025 年 7 月 31 日）
人力资源社会保障部办公厅 最高人民法
　　院办公厅 司法部办公厅 全国总工会办
　　公厅 全国工商联办公厅 中国企联办公
　　室关于加强新就业形态劳动纠纷一站
　　式调解工作的通知 ………………… (208)
　　（2024 年 1 月 19 日）

附录二　实用工具

劳动人事争议仲裁申请书（范本） ……… (215)
劳动争议纠纷民事起诉状 ………………… (218)

中华人民共和国
劳动争议调解仲裁法

(2007年12月29日第十届全国人民代表大会常务委员会第三十一次会议通过 2007年12月29日中华人民共和国主席令第80号公布 自2008年5月1日起施行)

第一章 总 则

第一条 【立法目的】* 为了公正及时解决劳动争议,保护当事人合法权益,促进劳动关系和谐稳定,制定本法。

> **疑难注释**
>
> 劳动争议,是指劳动关系当事人在执行劳动方面的法律法规和劳动合同、集体合同的过程中,就劳动权利义务发生分歧而引起的争议。
>
> 劳动争议的特点是:第一,劳动争议的主体是劳动关系双方,即用人单位和劳动者,二者之间形成了劳动关系,所发生的争议称为劳动争议;第二,劳动争议必须是因为执行劳动法律、法规或者订立、履行、变更、解除和终止劳动合同而引起的争议。有的争议虽然发生在用人单位

---

* 条文主旨为编者所加,仅供参考。

和劳动者之间,但也可能不属于劳动争议。如劳动者与用人单位发生买卖合同方面的纠纷,其争议的内容不涉及劳动合同和其他执行劳动法规方面的问题,因而属于民事纠纷,不是劳动争议。

第二条 【适用范围】中华人民共和国境内的用人单位与劳动者发生的下列劳动争议,适用本法:

(一)因确认劳动关系发生的争议;

(二)因订立、履行、变更、解除和终止劳动合同发生的争议;

(三)因除名、辞退和辞职、离职发生的争议;

(四)因工作时间、休息休假、社会保险、福利、培训以及劳动保护发生的争议;

(五)因劳动报酬、工伤医疗费、经济补偿或者赔偿金等发生的争议;

(六)法律、法规规定的其他劳动争议。

疑难注释

　　劳动者与用人单位之间发生的下列纠纷,属于劳动争议,当事人不服劳动争议仲裁机构作出的裁决,依法提起诉讼的,人民法院应予受理:(1)劳动者与用人单位在履行劳动合同过程中发生的纠纷;(2)劳动者与用人单位之间没有订立书面劳动合同,但已形成劳动关系后发生的纠纷;(3)劳动者与用人单位因劳动关系是否已经解除或者终止,以及应否支付解除或者终止劳动关系经济补偿金发生的纠纷;(4)劳动者与用人单位解除或者终止劳动关系后,请求用人单位返还其收取的劳动合同定金、保证金、抵押金、抵押物发生的纠纷,或者办理劳动者的人事档案、社会保险关系等移转手续发生的纠纷;(5)劳动者以用人单位未为其办理社会保险手续,且社会保险经办机构不能补办导致其无法享受社会保险待遇为由,要求用人单位赔偿损失发生的纠纷;(6)劳动者退休后,与尚未参加社会保险统筹的原用人单位因追索养老金、医疗费、工伤保险待遇和其他社会保险待遇而发生的纠纷；(7) 劳动者因为工伤、职业病，请求用人单位依法给予工伤保险待遇发生的纠纷；(8) 劳动者依据《劳动合同法》第85条规定，要求用人单位支付加付赔偿金发生的纠纷；(9) 因企业自主进行改制发生的纠纷。(参见《最高人民法院关于审理劳动争议案件适用法律问题的解释(一)》第1条)

下列纠纷不属于劳动争议：(1) 劳动者请求社会保险经办机构发放社会保险金的纠纷；(2) 劳动者与用人单位因住房制度改革产生的公有住房转让纠纷；(3) 劳动者对劳动能力鉴定委员会的伤残等级鉴定结论或者对职业病诊断鉴定委员会的职业病诊断鉴定结论的异议纠纷；(4) 家庭或者个人与家政服务人员之间的纠纷；(5) 个体工匠与帮工、学徒之间的纠纷；(6) 农村

承包经营户与受雇人之间的纠纷。(参见《最高人民法院关于审理劳动争议案件适用法律问题的解释(一)》第2条)

劳动者以用人单位的工资欠条为证据直接提起诉讼,诉讼请求不涉及劳动关系其他争议的,视为拖欠劳动报酬争议,人民法院按照普通民事纠纷受理。(参见《最高人民法院关于审理劳动争议案件适用法律问题的解释(一)》第15条)

第三条 【基本原则】解决劳动争议,应当根据事实,遵循合法、公正、及时、着重调解的原则,依法保护当事人的合法权益。

疑难注释

着重调解原则包含两方面的内容:一是调解作为解决劳动争议的基本手段贯穿劳动争议处理

的全过程。即使进入仲裁和诉讼程序后,劳动争议仲裁委员会和人民法院在处理劳动争议时,仍要进行调解,调解不成的,再作出裁决和判决。二是调解必须遵循自愿原则,在双方当事人自愿的基础上进行,不能勉强和强制,否则即使达成协议或者作出调解书也不能发生法律效力。

仲裁委员会处理争议案件,应当坚持调解优先,引导当事人通过协商、调解方式解决争议,给予必要的法律释明以及风险提示。(参见《劳动人事争议仲裁办案规则》第68条)

第四条 【协商】发生劳动争议,劳动者可以与用人单位协商,也可以请工会或者第三方共同与用人单位协商,达成和解协议。

疑难注释

劳动争议协商，是指劳动者和用人单位因行使劳动权利、履行劳动义务发生争议后，双方就解决争议、化解矛盾，达成和解协议而共同进行商谈的行为。

各级工会应当积极推进用人单位建立健全劳动关系协商调处机制，完善内部协商规则。发生劳动争议，职工可以要求用人单位工会参与或者协助其与用人单位进行协商；用人单位尚未建立工会的，职工可以请求用人单位所在地的各级地方工会参与或者协助其与用人单位进行协商，推动达成和解协议。

工会在参与劳动争议协商过程中，应当依法维护职工合法权益，代表或者协助职工提出切实可行的和解方案。职工与用人单位就劳动争议协商达成一致的，工会应当主动引导签订书面和解协议并推动和解协议及时履行。

劳动争议双方当事人不愿协商、协商不成或者达成和解协议后在约定的期限内不履行的，工会应当主动做好引导申请调解或仲裁等工作。（参见《工会参与劳动争议处理办法》第8—11条）

第五条 【调解、仲裁、诉讼】发生劳动争议，当事人不愿协商、协商不成或者达成和解协议后不履行的，可以向调解组织申请调解；不愿调解、调解不成或者达成调解协议后不履行的，可以向劳动争议仲裁委员会申请仲裁；对仲裁裁决不服的，除本法另有规定的外，可以向人民法院提起诉讼。

图解法律

```
发生劳动争议 → 协商 → 达成和解协议
     ↓
不愿协商、协商不成或者达成和解协议后不履行 → 向调解组织申请调解 → 不愿调解、调解不成或者达成调解协议后不履行
     ↓
向劳动争议仲裁委员会申请仲裁 → 对仲裁裁决不服 → 向人民法院提起诉讼
```

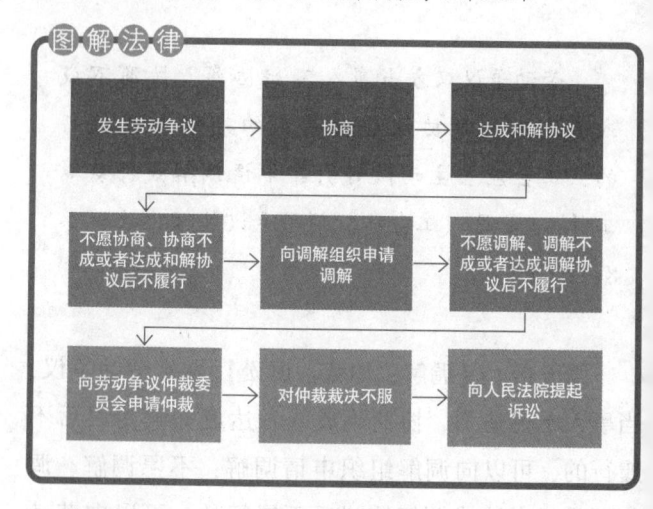

疑难注释

对未经调解、当事人直接申请仲裁的争议,仲裁委员会可以向当事人发出调解建议书,引导其到调解组织进行调解。当事人同意先行调解的,应当暂缓受理;当事人不同意先行调解的,应当依法受理。(参见《劳动人事争议仲裁办案规则》第69条)

劳动争议案件由用人单位所在地或者劳动合同履行地的基层人民法院管辖。劳动合同履行地不明确的，由用人单位所在地的基层人民法院管辖。法律另有规定的，依照其规定。（参见《最高人民法院关于审理劳动争议案件适用法律问题的解释（一）》第3条）

劳动者与用人单位均不服劳动争议仲裁机构的同一裁决，向同一人民法院起诉的，人民法院应当并案审理，双方当事人互为原告和被告，对双方的诉讼请求，人民法院应当一并作出裁决。在诉讼过程中，一方当事人撤诉的，人民法院应当根据另一方当事人的诉讼请求继续审理。双方当事人就同一仲裁裁决分别向有管辖权的人民法院起诉的，后受理的人民法院应当将案件移送给先受理的人民法院。（参见《最高人民法院关于审理劳动争议案件适用法律问题的解释（一）》第4条）

第六条 【举证责任】发生劳动争议,当事人对自己提出的主张,有责任提供证据。与争议事项有关的证据属于用人单位掌握管理的,用人单位应当提供;用人单位不提供的,应当承担不利后果。

疑难注释

举证责任,又称证明责任,是指当事人对自己提出的主张,有提出证据并加以证明的责任。如果当事人未能尽到上述责任,则有可能承担对其不利的法律后果。举证责任的基本含义包括以下三层:第一,当事人对自己提出的主张,应当提出证据;第二,当事人对自己提供的证据,应当予以证明,以表明自己所提供的证据能够证明其主张;第三,若当事人对自己的主张不能提供证据或提供证据后不能证明自己的主张,将可能导致对自己不利的法律后果。

法律没有具体规定、按照《劳动人事争议仲裁办案规则》第 13 条规定无法确定举证责任承担的，仲裁庭可以根据公平原则和诚实信用原则，综合当事人举证能力等因素确定举证责任的承担。(参见《劳动人事争议仲裁办案规则》第 14 条)

农民工与用人单位就拖欠工资存在争议，用人单位应当提供依法由其保存的劳动合同、职工名册、工资支付台账和清单等材料；不提供的，依法承担不利后果。(参见《保障农民工工资支付条例》第 50 条)

劳动者主张加班费的，应当就加班事实的存在承担举证责任。但劳动者有证据证明用人单位掌握加班事实存在的证据，用人单位不提供的，由用人单位承担不利后果。(参见《最高人民法院关于审理劳动争议案件适用法律问题的解释（一）》第 42 条)

实务点拨

处理加班费争议的举证责任分配

实务观点：主张加班费的劳动者有责任按照"谁主张，谁举证"的原则，就加班事实的存在提供证据，或者就相关证据属于用人单位掌握管理提供证据。用人单位应当提供而不提供有关证据的，可以推定劳动者加班事实存在。本案中，虽然林某提交的工资支付记录为打印件，但与实名认证的App（应用程序）打卡记录互相印证，能够证明某教育咨询公司掌握加班事实存在的证据。某教育咨询公司虽然不认可上述证据的真实性，但未提交反证或者作出合理解释，应承担不利后果。故仲裁委员会依法裁决某教育咨询公司支付林某加班费。

典型意义：我国劳动法律将保护劳动者的合法权益作为立法宗旨之一，在实体和程序方面都作出了相应规定。在加班费争议处理中，要充分考虑劳动者举证能力不足的实际情况，根据"谁主张,谁举证"原则、证明妨碍规则,结合具体案情合理分配用人单位与劳动者的举证责任。①

第七条 【推举代表参加调解、仲裁或诉讼】发生劳动争议的劳动者一方在十人以上,并有共同请求的,可以推举代表参加调解、仲裁或者诉讼活动。

疑难注释

关于劳动者推举出的代表人行为的效力,《劳动争议调解仲裁法》没有明确规定。根据民事诉讼法原理,推举代表人是当事人的意思表示,因此代表人一旦产生,其参加调解、仲裁、

---

① 《劳动人事争议典型案例(第二批)》,案例6.处理加班费争议,如何分配举证责任,载最高人民法院网,https://www.court.gov.cn/zixun/xiangqing/319151.html,最后访问时间:2025年8月4日。

诉讼的行为对其所代表的当事人发生效力。但是在某些方面，代表人的行为对其所代表的当事人是无效的，可以参照《民事诉讼法》第56条、第57条的规定执行。

劳动者一方在10人以上并有共同请求的争议，或者因履行集体合同发生的劳动争议，仲裁委员会应当优先立案，优先审理。(参见《劳动人事争议仲裁办案规则》第5条)

处理劳动者一方在10人以上并有共同请求的争议案件，或者因履行集体合同发生的劳动争议案件，适用本节规定。符合《劳动人事争议仲裁办案规则》第56条第1款规定情形之一的集体劳动人事争议案件，可以简易处理，不受本节规定的限制。(参见《劳动人事争议仲裁办案规则》第62条)

发生劳动者一方在10人以上并有共同请求的争议的，劳动者可以推举3至5名代表参加仲裁活动。代表人参加仲裁的行为对其所代表的当事人发生效力,但代表人变更、放弃仲裁请求或者承认对方当事人的仲裁请求,进行和解,必须经被代表的当事人同意。因履行集体合同发生的劳动争议,经协商解决不成的,工会可以依法申请仲裁;尚未建立工会的,由上级工会指导劳动者推举产生的代表依法申请仲裁。(参见《劳动人事争议仲裁办案规则》第63条)

仲裁委员会应当自收到当事人集体劳动人事争议仲裁申请之日起5日内作出受理或者不予受理的决定。决定受理的,应当自受理之日起5日内将仲裁庭组成人员、答辩期限、举证期限、开庭日期和地点等事项一次性通知当事人。(参见《劳动人事争议仲裁办案规则》第64条)

仲裁庭处理集体劳动人事争议,开庭前应当引导当事人自行协商,或者先行调解。仲裁庭处理集体劳动人事争议案件,可以邀请法律工作者、律师、专家学者等第三方共同参与调解。协商或者调解未能达成协议的，仲裁庭应当及时裁决。（参见《劳动人事争议仲裁办案规则》第66条）

仲裁庭开庭场所可以设在发生争议的用人单位或者其他便于及时处理争议的地点。（参见《劳动人事争议仲裁办案规则》第67条）

第八条 【三方机制】县级以上人民政府劳动行政部门会同工会和企业方面代表建立协调劳动关系三方机制，共同研究解决劳动争议的重大问题。

疑难注释

"一函两书"制度是工会及相关单位为提醒用人单位落实好劳动法律法规，或纠正其违法劳动用工行为而适用相关文书的制度简称。其中"一函"指的是《工会劳动法律监督提示函》，"两书"指的是《工会劳动法律监督意见书》和

《工会劳动法律监督建议书》。

工会参与劳动争议处理工作应当积极争取地方政府的支持,通过政府联席(联系)会议、协调劳动关系三方机制等形式,定期与同级政府沟通交流工作情况,研究解决工作中的重大问题。(参见《工会参与劳动争议处理办法》第28条第1款)

实务点拨

"法院+工会"促推用人单位主动履行定期支付伤残津贴义务

典型意义:工伤保险是社会保险的重要组成部分。用人单位依法负有缴纳工伤保险费的义务。未依法参加工伤保险的用人单位职工发生工伤的,由用人单位支付工伤保险待遇。伤残津贴是在职工因工致残而退出工作岗位后定期享有的经济补偿,旨在保障其基本生活。在用人单位不主动履行生效判决给劳动者造成负担的情况下,人民法院通过发出司法建议书,同步抄送至总工会的形式,以柔性手段最终成功化解了近20年的执行问题。通过协调推进"一函两书"制度,用人单位从被动强制执行转变为主动履行,既有效保障了劳动者的合法权益,又促使用人单位认识到主动承担社会责任、遵守法律规定是构建和谐社会的重要组成部分,一次性解决了劳动者胜诉权益保障问题,有利于引领社会法治意识养成。[①]

第九条 【拖欠劳动报酬等争议的行政救济】

用人单位违反国家规定,拖欠或者未足额支付劳动

---

① 《全国总工会、最高法、最高检联合发布劳动法律监督"一函两书"典型案例》,案例2. 黑龙江省延寿县"法院+工会"促推用人单位主动履行定期支付伤残津贴义务,载最高人民法院网,https://www.court.gov.cn/zixun xiangqing/451201.html,最后访问时间:2025年8月4日。

报酬,或者拖欠工伤医疗费、经济补偿或者赔偿金的,劳动者可以向劳动行政部门投诉,劳动行政部门应当依法处理。

疑难注释

任何组织或者个人对违反劳动保障法律、法规或者规章的行为,有权向劳动保障行政部门举报。劳动者认为用人单位侵犯其劳动保障合法权益的,有权向劳动保障行政部门投诉。劳动保障行政部门应当为举报人保密;对举报属实,为查处重大违反劳动保障法律、法规或者规章的行为提供主要线索和证据的举报人,给予奖励。(参见《劳动保障监察条例》第9条)

劳动保障行政部门实施劳动保障监察,履行下列职责:(1)宣传劳动保障法律、法规和规章,督促用人单位贯彻执行;(2)检查用人单位遵守劳动保障法律、法规和规章的情况;(3)受理对违反劳动保障法律、法规或者规章的

行为的举报、投诉；(4) 依法纠正和查处违反劳动保障法律、法规或者规章的行为。(参见《劳动保障监察条例》第 10 条)

劳动保障行政部门对下列事项实施劳动保障监察：(1) 用人单位制定内部劳动保障规章制度的情况；(2) 用人单位与劳动者订立劳动合同的情况；(3) 用人单位遵守禁止使用童工规定的情况；(4) 用人单位遵守女职工和未成年工特殊劳动保护规定的情况；(5) 用人单位遵守工作时间和休息休假规定的情况；(6) 用人单位支付劳动者工资和执行最低工资标准的情况；(7) 用人单位参加各项社会保险和缴纳社会保险费的情况；(8) 职业介绍机构、职业技能培训机构和职业技能考核鉴定机构遵守国家有关职业介绍、职业技能培训和职业技能考核鉴定的规定的情况；(9) 法律、法规规定的其他劳动保障监察事项。(参见《劳动保障监察条例》第 11 条)

劳动保障行政部门对违反劳动保障法律、法规或者规章的行为，根据调查、检查的结果，作出以下处理：（1）对依法应当受到行政处罚的，依法作出行政处罚决定；（2）对应当改正未改正的，依法责令改正或者作出相应的行政处理决定；（3）对情节轻微且已改正的，撤销立案。发现违法案件不属于劳动保障监察事项的，应当及时移送有关部门处理；涉嫌犯罪的，应当依法移送司法机关。（参见《劳动保障监察条例》第18条）

任何单位和个人对拖欠农民工工资的行为，有权向人力资源社会保障行政部门或者其他有关部门举报。人力资源社会保障行政部门和其他有关部门应当公开举报投诉电话、网站等渠道，依法接受对拖欠农民工工资行为的举报、投诉。对于举报、投诉的处理实行首问负责制，属于本部门受理的，应当依法及时处理；不属于本部门受理的,应当及时转送相关部门,相关部门应当依法及时处理,并将处理结果告知举报、投诉人。(参见《保障农民工工资支付条例》第10条第2款、第3款)

> **实务点拨**
>
> **依法惩治重点领域恶意欠薪犯罪**
>
> **典型意义**:建筑行业属于传统的劳动密集型行业,对于稳定就业容量、增加就业岗位具有重要作用。但是受各种因素影响,建设工程领域恶意欠薪事件时有出现,损害劳动者合法权益,影响建筑行业的高质量发展,社会反映强烈。本案即是发生在建设工程施工领域的拒不支付劳动报酬案件。被告人制作虚假工资名册,挪用农民工工资,在人力资源社会保障部门调查过程中拒接电话并藏匿,属于"以逃匿方法逃避支付劳动者的劳动报酬",其行为造成

多名劳动者聚集讨薪，影响社会和谐稳定。人力资源社会保障部门及时调查取证，为后续侦查、起诉和审判奠定了良好基础；人民法院充分发挥刑法的震慑和教育功能，促使被告人足额支付所欠劳动报酬，有效救济被害人权利，及时化解矛盾风险，切实维护社会稳定，实现良好办案效果。①

---

① 《最高人民法院、人力资源社会保障部联合发布依法惩治恶意欠薪犯罪典型案例》，案例一：任某拒不支付劳动报酬案——依法惩治重点领域恶意欠薪犯罪，载最高人民法院网，https://www.court.gov.cn/zixun/xiangqing/453301.ml，最后访问时间：2025年8月4日。

第二章 调 解

第十条 【调解组织】 发生劳动争议,当事人可以到下列调解组织申请调解:

(一)企业劳动争议调解委员会;

(二)依法设立的基层人民调解组织;

(三)在乡镇、街道设立的具有劳动争议调解职能的组织。

企业劳动争议调解委员会由职工代表和企业代表组成。职工代表由工会成员担任或者由全体职工推举产生,企业代表由企业负责人指定。企业劳动争议调解委员会主任由工会成员或者双方推举的人员担任。

疑难注释

人民调解,是指人民调解委员会通过说服、疏导等方法,促使当事人在平等协商基础上自愿达成调解协议,解决民间纠纷的活动。人民调解委员会调解民间纠纷，不收取任何费用。人民调解委员会是依法设立的调解民间纠纷的群众性组织。村民委员会、居民委员会设立人民调解委员会。企业事业单位根据需要设立人民调解委员会。(参见《人民调解法》第2条、第4条、第7条、第8条第1款)

大中型企业应当依法设立调解委员会，并配备专职或者兼职工作人员。有分公司、分店、分厂的企业，可以根据需要在分支机构设立调解委员会。总部调解委员会指导分支机构调解委员会开展劳动争议预防调解工作。调解委员会可以根据需要在车间、工段、班组设立调解小组。小微型企业可以设立调解委员会，也可以由劳动者和企业共同推举人员，开展调解工作。调解委员会由劳动者代表和企业代表组成，人数由双方协商确定，双方人数应当对等。劳动者代表由工会委员会成员担任或者由全体劳动者推举产生，企业代表由企业负责人指定。调解委员会主任由工会委员会成员或者双方推举的人员担任。调解委员会履行下列职责：（1）宣传劳动保障法律、法规和政策；（2）对本企业发生的劳动争议进行调解；（3）监督和解协议、调解协议的履行；（4）聘任、解聘和管理调解员；（5）参与协调履行劳动合同、集体合同、执行企业劳动规章制度等方面出现的问题；（6）参与研究涉及劳动者切身利益的重大方案；（7）协助企业建立劳动争议预防预警机制。（参见《企业劳动争议协商调解规定》第13—16条）

企业劳动争议调解委员会依照有关规定由劳动者代表和企业代表组成，人数由双方协商确定，双方人数应当对等。劳动者代表由工会委员会成员担任或者由全体劳动者推举产生，企业代表由企业负责人指定。企业劳动争议调解委员会主任依照有关规定由工会委员会成员或者双方推举的人员担任。企业劳动争议调解委员会的办事机构可以依照有关规定设在企业工会委员会。企业劳动争议调解委员会履行下列职责：（1）宣传劳动保障法律、法规和政策；（2）对本企业发生的劳动争议进行调解；（3）监督和推动和解协议、调解协议的履行；（4）聘任、解聘和管理调解员；（5）参与协调履行劳动合同、集体合同、执行企业劳动规章制度等方面出现的问题；（6）参与研究涉及劳动者切身利益的重大方案；（7）协助企业建立劳动争议预防预警机制；（8）法律、法规规定的其他事项。（参见《工会参与劳动争议处理办法》第14条、第15条）

当事人在《劳动争议调解仲裁法》第10条规定的调解组织主持下达成的具有劳动权利义务内容的调解协议，具有劳动合同的约束力，可以作为人民法院裁判的根据。当事人在《劳动争议调解仲裁法》第10条规定的调解组织主持下仅就劳动报酬争议达成调解协议,用人单位不履行调解协议确定的给付义务,劳动者直接提起诉讼的,人民法院可以按照普通民事纠纷受理。(参见《最高人民法院关于审理劳动争议案件适用法律问题的解释(一)》第51条)

第十一条 【调解员】劳动争议调解组织的调解员应当由公道正派、联系群众、热心调解工作并具有一定法律知识、政策水平和文化水平的成年公民担任。

疑难注释

人民调解员由人民调解委员会委员和人民调解委员会聘任的人员担任。人民调解员应当由公道正派、热心人民调解工作,并具有一定文化水平、政策水平和法律知识的成年公民担任。县级人民政府司法行政部门应当定期对人民调解员进行业务培训。人民调解员在调解工作中有下列行为之一的,由其所在的人民调解委员会给予批评教育、责令改正,情节严重的,由推选或者聘任单位予以罢免或者解聘:(1)偏袒一方当事人的;(2)侮辱当事人的;(3)索取、收受财物或者牟取其他不正当利益的;(4)泄露当事人的个人隐私、商业秘密的。人民调解委员会根据调解纠纷的需要,可以指定1名或者数名人民调解员进行调解,也可以由当事人选择1名或者数名人民调解员进行调解。(参见《人民调解法》第13条、第14条、第15条、第19条)

调解员履行下列职责:(1)关注本企业劳动关系状况,及时向调解委员会报告;(2)接受调解委员会指派,调解劳动争议案件;(3)监督和解协议、调解协议的履行;(4)完成调解委员会交办的其他工作。调解员应当公道正派、联系群众、热心调解工作,具有一定劳动保障法律政策知识和沟通协调能力。调解员由调解委员会聘任的本企业工作人员担任，调解委员会成员均为调解员。调解员的聘期至少为1年，可以续聘。调解员不能履行调解职责时，调解委员会应当及时调整。调解员依法履行调解职责，需要占用生产或者工作时间的，企业应当予以支持，并按照正常出勤对待。(参见《企业劳动争议协商调解规定》第17—20条)

工会工作者担任劳动争议调解员主要履行以下职责：(1)关注用人单位或者行业劳动关系状况，及时向劳动争议调解委员会报告；(2)接受劳动争议调解委员会指派，调解劳动争议案件；(3)保障当事人实现自愿调解、申请回避和申请仲裁的权利；(4)自调解组织收到调解申请之日起15日内结束调解，到期未结束的或者当事人明确表示不愿意接受调解的，视为调解不成，告知当事人可以申请仲裁；(5)监督和解协议、调解协议的履行;(6)及时做好调解文书及案卷的整理归档工作;(7)完成调解委员会交办的其他工作。(参见《工会参与劳动争议处理办法》第16条)

第十二条 【申请调解的形式】 当事人申请劳动争议调解可以书面申请,也可以口头申请。口头申请的,调解组织应当当场记录申请人基本情况、申请调解的争议事项、理由和时间。

疑难注释

当事人可以向人民调解委员会申请调解;人民调解委员会也可以主动调解。当事人一方明确拒绝调解的,不得调解。基层人民法院、公安机关对适宜通过人民调解方式解决的纠纷,可以在受理前告知当事人向人民调解委员会申请调解。(参见《人民调解法》第17条、第18条)

第十三条 【调解的基本原则】调解劳动争议,应当充分听取双方当事人对事实和理由的陈述,耐心疏导,帮助其达成协议。

疑难注释

人民调解员根据调解纠纷的需要,在征得当事人的同意后,可以邀请当事人的亲属、邻里、同事等参与调解,也可以邀请具有专门知识、特定经验的人员或者有关社会组织的人员参与调解。人民调解委员会支持当地公道正派、热心调解、群众认可的社会人士参与调解。人民调解员调解民间纠纷,应当坚持原则,明法析理,主持公道。调解民间纠纷,应当及时、就地进行,防止矛盾激化。人民调解员根据纠纷的不同情况,可以采取多种方式调解民间纠纷,充分听取当事人的陈述,讲解有关法律、法规和国家政策,耐心疏导,在当事人平等协商、互谅互让的基础上提出纠纷解决方案,帮助当事人自愿达成调解协议。(参见《人民调解法》第20—22条)

人民调解员在调解纠纷过程中,发现纠纷有可能激化的,应当采取有针对性的预防措施;对有可能引起治安案件、刑事案件的纠纷,应当及时向当地公安机关或者其他有关部门报告。(参见《人民调解法》第 25 条)

人民调解员调解纠纷,调解不成的,应当终止调解,并依据有关法律、法规的规定,告知当事人可以依法通过仲裁、行政、司法等途径维护自己的权利。(参见《人民调解法》第 26 条)

第十四条 【调解协议书】经调解达成协议的,应当制作调解协议书。

调解协议书由双方当事人签名或者盖章,经调解员签名并加盖调解组织印章后生效,对双方当事人具有约束力,当事人应当履行。

自劳动争议调解组织收到调解申请之日起十五日内未达成调解协议的,当事人可以依法申请仲裁。

疑难注释

经人民调解委员会调解达成调解协议的,可以制作调解协议书。当事人认为无需制作调解协议书的,可以采取口头协议方式,人民调解员应当记录协议内容。调解协议书可以载明下列事项:(1)当事人的基本情况;(2)纠纷的主要事实、争议事项以及各方当事人的责任;(3)当事人达成调解协议的内容,履行的方式、期限。调解协议书自各方当事人签名、盖章或者按指印,人民调解员签名并加盖人民调解委员会印章之日起生效。调解协议书由当事人各执一份,人民调解委员会留存一份。口头调解协议自各方当事人达成协议之日起生效。经人民调解委员会调解达成的调解协议,具有法律约束力,当事人应当按照约定履行。人民调解委员会应当对调解协议的履行情况进行监督,督促当事人履行约定的义务。(参见《人民调解法》第28—31条)

经调解组织调解达成调解协议的,双方当事人可以自调解协议生效之日起15日内,共同向有管辖权的仲裁委员会提出仲裁审查申请。当事人申请审查调解协议,应当向仲裁委员会提交仲裁审查申请书、调解协议和身份证明、资格证明以及其他与调解协议相关的证明材料,并提供双方当事人的送达地址、电话号码等联系方式。(参见《劳动人事争议仲裁办案规则》第74条)

经人民调解委员会调解达成调解协议后,双方当事人认为有必要的,可以自调解协议生效之日起30日内共同向人民法院申请司法确认,人民法院应当及时对调解协议进行审查,依法确认调解协议的效力。(参见《人民调解法》第33条第1款)

当事人在人民调解委员会主持下仅就给付义务达成的调解协议,双方认为有必要的,可以共同向人民调解委员会所在地的基层人民法院申请司法确认。(参见《最高人民法院关于审理劳动争议案件适用法律问题的解释(一)》第52条)

经依法设立的调解组织调解达成的调解协议生效后，当事人可以共同向有管辖权的人民法院申请确认调解协议效力。（参见《人力资源社会保障部、最高人民法院关于劳动人事争议仲裁与诉讼衔接有关问题的意见（一）》第2条）

第十五条 【不履行调解协议可申请仲裁】达成调解协议后，一方当事人在协议约定期限内不履行调解协议的，另一方当事人可以依法申请仲裁。

疑难注释

经人民调解委员会调解达成调解协议后，当事人之间就调解协议的履行或者调解协议的内容发生争议的，一方当事人可以向人民法院提起诉讼。人民法院依法确认调解协议有效，一方当事人拒绝履行或者未全部履行的，对方当事人可以向人民法院申请强制执行。人民法院依法确认调解协议无效的,当事人可以通过人民调解方式变更原调解协议或者达成新的调解协议,也可以向人民法院提起诉讼。(参见《人民调解法》第32条,第33条第2款、第3款)

第十六条 【劳动者可以持调解协议书申请支付令的情形】因支付拖欠劳动报酬、工伤医疗费、经济补偿或者赔偿金事项达成调解协议,用人单位在协议约定期限内不履行的,劳动者可以持调解协议书依法向人民法院申请支付令。人民法院应当依法发出支付令。

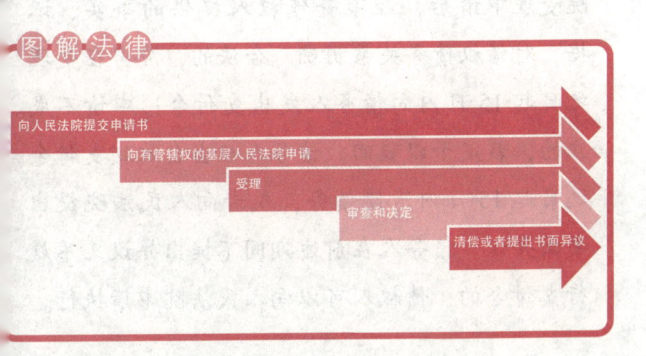

图解法律

向人民法院提交申请书
向有管辖权的基层人民法院申请
受理
审查和决定
清偿或者提出书面异议

疑难注释

支付令是人民法院根据债权人的申请,督促债务人履行债务的程序,是民事诉讼法规定的一种法律制度。

债权人请求债务人给付金钱、有价证券,符合下列条件的,可以向有管辖权的基层人民法院申请支付令:(1)债权人与债务人没有其他债务纠纷的;(2)支付令能够送达债务人的。申请书应当写明请求给付金钱或者有价证券的数量和所根据的事实、证据。债权人提出申请后,人民法院应当在5日内通知债权人是否受理。人民法院受理申请后,经审查债权人提供的事实、证据,对债权债务关系明确、合法的,应当在受理之日起15日内向债务人发出支付令;申请不成立的,裁定予以驳回。债务人应当自收到支付令之日起15日内清偿债务,或者向人民法院提出书面异议。债务人在前述期间不提出异议又不履行支付令的,债权人可以向人民法院申请执行。

人民法院收到债务人提出的书面异议后,经审查,异议成立的,应当裁定终结督促程序,支付令自行失效。支付令失效的,转入诉讼程序,但申请支付令的一方当事人不同意提起诉讼的除外。(参见《民事诉讼法》第225—228条)

劳动者依据《劳动合同法》第30条第2款和《劳动争议调解仲裁法》第16条规定向人民法院申请支付令,符合《民事诉讼法》第17章督促程序规定的,人民法院应予受理。依据《劳动合同法》第30条第2款规定申请支付令被人民法院裁定终结督促程序后,劳动者就劳动争议事项直接提起诉讼的,人民法院应当告知其先向劳动争议仲裁机构申请仲裁。依据《劳动争议调解仲裁法》第16条规定申请支付令被人民法院裁定终结督促程序后,劳动者依据调解协议直接提起诉讼的,人民法院应予受理。(参见《最高人民法院关于审理劳动争议案件适用法律问题的解释(一)》第13条)

第三章 仲　　裁

第一节　一般规定

第十七条　【劳动争议仲裁委员会的设立】劳动争议仲裁委员会按照统筹规划、合理布局和适应实际需要的原则设立。省、自治区人民政府可以决定在市、县设立；直辖市人民政府可以决定在区、县设立。直辖市、设区的市也可以设立一个或者若干个劳动争议仲裁委员会。劳动争议仲裁委员会不按行政区划层层设立。

> **疑难注释**
>
> 劳动人事争议仲裁委员会由人民政府依法设立，专门处理争议案件。（参见《劳动人事争议仲裁组织规则》第2条）

第十八条　【政府的职责】国务院劳动行政部门依照本法有关规定制定仲裁规则。省、自治区直辖市人民政府劳动行政部门对本行政区域的劳动争议仲裁工作进行指导。

疑难注释

人力资源社会保障行政部门负责指导本行政区域的争议调解仲裁工作,组织协调处理跨地区、有影响的重大争议,负责仲裁员的管理、培训等工作。(参见《劳动人事争议仲裁组织规则》第3条)

第十九条 【劳动争议仲裁委员会的组成与职责】劳动争议仲裁委员会由劳动行政部门代表、工会代表和企业方面代表组成。劳动争议仲裁委员会组成人员应当是单数。

劳动争议仲裁委员会依法履行下列职责:

(一)聘任、解聘专职或者兼职仲裁员;

(二)受理劳动争议案件;

(三)讨论重大或者疑难的劳动争议案件;

(四)对仲裁活动进行监督。

劳动争议仲裁委员会下设办事机构,负责办理劳动争议仲裁委员会的日常工作。

疑难注释

工会参加企业的劳动争议调解工作。地方劳动争议仲裁组织应当有同级工会代表参加。(参见《工会法》第29条)

仲裁委员会由干部主管部门代表、人力资源社会保障等相关行政部门代表、军队文职人员工作管理部门代表、工会代表和用人单位方面代表等组成。仲裁委员会组成人员应当是单数。仲裁委员会设主任1名,副主任和委员若干名。仲裁委员会主任由政府负责人或者人力资源社会保障行政部门主要负责人担任。仲裁委员会依法履行下列职责：(1) 聘任、解聘专职或者兼职仲裁员；(2) 受理争议案件；(3) 讨论重大或者疑难的争议案件；(4) 监督本仲裁委员会的仲裁活动；(5) 制定本仲裁委员会的工作规则；(6) 其他依法应当履行的职责。(参见《劳动人事争议仲裁组织规则》第5—7条)

工会依照《劳动争议调解仲裁法》规定参加同级劳动人事争议仲裁委员会，履行有关职责。工会工作者作为劳动人事争议仲裁委员会组成人员，依法履行下列职责：(1) 参与处理所辖范围内的劳动争议案件；(2) 参加仲裁委员会会议，遇特殊情况不能到会的，应出具委托书，委托本组织其他人员出席会议；(3) 参与研究处理有重大影响和仲裁庭提交的重大疑难案件；(4) 参与对办案程序违法违规、工作人员违法违纪等问题线索的核查处理；(5) 对受理的集体劳动争议及本地区有影响的个人劳动争议案件，及时向本级及上级工会书面报告。(参见《工会参与劳动争议处理办法》第18条、第19条)

第二十条 【仲裁员】 劳动争议仲裁委员会应当设仲裁员名册。

仲裁员应当公道正派并符合下列条件之一：

(一) 曾任审判员的；

（二）从事法律研究、教学工作并具有中级以上职称的；

（三）具有法律知识、从事人力资源管理或者工会等专业工作满五年的；

（四）律师执业满三年的。

疑难注释

仲裁员是由仲裁委员会聘任、依法调解和仲裁争议案件的专业工作人员。仲裁员分为专职仲裁员和兼职仲裁员。专职仲裁员和兼职仲裁员在调解仲裁活动中享有同等权利，履行同等义务。兼职仲裁员进行仲裁活动，所在单位应当予以支持。仲裁委员会应当依法聘任一定数量的专职仲裁员，也可以根据办案工作需要，依法从干部主管部门、人力资源社会保障行政部门、军队文职人员工作管理部门、工会、企业组织等相关机构的人员以及专家学者、律师中聘任兼职仲裁员。（参见《劳动人事争议仲裁组织规则》第18条、第19条）

仲裁员享有以下权利：(1) 履行职责应当具有

的职权和工作条件;(2)处理争议案件不受干涉;(3)人身、财产安全受到保护;(4)参加聘前培训和在职培训;(5)法律、法规规定的其他权利。仲裁员应当履行以下义务:(1)依法处理争议案件;(2)维护国家利益和公共利益,保护当事人合法权益;(3)严格执行廉政规定,恪守职业道德;(4)自觉接受监督;(5)法律、法规规定的其他义务。(参见《劳动人事争议仲裁组织规则》第20条、第21条)

仲裁员聘期一般为5年。仲裁委员会负责仲裁员考核,考核结果作为解聘和续聘仲裁员的依据。仲裁员有下列情形之一的,仲裁委员会应当予以解聘:(1)聘期届满不再续聘的;(2)在聘期内因工作岗位变动或者其他原因不再履行仲裁员职责的;(3)年度考核不合格的;(4)因违纪、违法犯罪不能继续履行仲裁员职责的;(5)其他应当解聘的情形。(参见《劳动人事争议仲裁组织规则》第24条、第26条)

劳动争议仲裁委员会的仲裁员不能担任人民陪审员。(参见《最高人民法院、司法部关于印发〈《中华人民共和国人民陪审员法》实施中若干问题的答复〉的通知》第6条)

工会工作者符合法律规定的仲裁员条件,由劳动人事争议仲裁委员会聘为兼职仲裁员的,依法履行仲裁员职责。工会兼职仲裁员所在单位对其参加劳动争议仲裁活动应当给予支持。(参见《工会参与劳动争议处理办法》第20条)

第二十一条 【劳动争议仲裁案件的管辖】劳动争议仲裁委员会负责管辖本区域内发生的劳动争议。

劳动争议由劳动合同履行地或者用人单位所在地的劳动争议仲裁委员会管辖。双方当事人分别向劳动合同履行地和用人单位所在地的劳动争议仲裁委员会申请仲裁的,由劳动合同履行地的劳动争议仲裁委员会管辖。

疑难注释

劳动争议仲裁管辖,是指确定各个劳动争议仲裁委员会审理劳动争议案件的分工和权限,明确当事人应当到哪一个劳动争议仲裁委员会申请劳动争议仲裁,由哪一个劳动争议仲裁委员会受理劳动争议案件的法律制度。

劳动争议仲裁机构以无管辖权为由对劳动争议案件不予受理,当事人提起诉讼的,人民法院按照以下情形分别处理:(1)经审查认为该劳动争议仲裁机构对案件确无管辖权的,应当告知当事人向有管辖权的劳动争议仲裁机构申请仲裁;(2)经审查认为该劳动争议仲裁机构有管辖权的,应当告知当事人申请仲裁,并将审查意见书面通知该劳动争议仲裁机构;劳动争议仲裁机构仍不受理,当事人就该劳动争议事项提起诉讼的,人民法院应予受理。(参见《最高人民法院关于审理劳动争议案件适用法律问题的解释(一)》第5条)

劳动合同履行地为劳动者实际工作场所地，用人单位所在地为用人单位注册、登记地或者主要办事机构所在地。用人单位未经注册、登记的，其出资人、开办单位或者主管部门所在地为用人单位所在地。双方当事人分别向劳动合同履行地和用人单位所在地的仲裁委员会申请仲裁的，由劳动合同履行地的仲裁委员会管辖。有多个劳动合同履行地的，由最先受理的仲裁委员会管辖。劳动合同履行地不明确的，由用人单位所在地的仲裁委员会管辖。案件受理后，劳动合同履行地或者用人单位所在地发生变化的，不改变争议仲裁的管辖。（参见《劳动人事争议仲裁办案规则》第8条）

仲裁委员会发现已受理案件不属于其管辖范围的，应当移送至有管辖权的仲裁委员会，并书面通知当事人。对上述移送案件，受移送的仲裁委员会应当依法受理。受移送的仲裁委员会认为移送的案件按照规定不属于其管辖，或者仲裁委员会之间因管辖争议协商不成的，应当报请共同的上一级仲裁委员会主管部门指定管辖。(参见《劳动人事争议仲裁办案规则》第9条)

当事人提出管辖异议的，应当在答辩期满前书面提出。仲裁委员会应当审查当事人提出的管辖异议，异议成立的，将案件移送至有管辖权的仲裁委员会并书面通知当事人；异议不成立的，应当书面决定驳回。当事人逾期提出的，不影响仲裁程序的进行。(参见《劳动人事争议仲裁办案规则》第10条)

与船员登船、在船工作、离船遣返无关的劳动争议提交劳动争议仲裁委员会仲裁，仲裁庭根据船员的申请，就船员工资和其他劳动报酬、工伤医疗费、经济补偿或赔偿金裁决先予执行的，移送地方人民法院审查。船员申请扣押船舶的，仲裁庭应将扣押船舶申请提交船籍港所在地或者船舶所在地的海事法院审查,或交地方人民法院委托船籍港所在地或者船舶所在地的海事法院审查。(参见《最高人民法院关于审理涉船员纠纷案件若干问题的规定》第5条)

第二十二条 【劳动争议仲裁案件的当事人】

发生劳动争议的劳动者和用人单位为劳动争议仲裁案件的双方当事人。

劳务派遣单位或者用工单位与劳动者发生劳动争议的,劳务派遣单位和用工单位为共同当事人。

疑难注释

劳动争议仲裁机构以申请仲裁的主体不适格为由,作出不予受理的书面裁决、决定或者通知,当事人不服依法提起诉讼,经审查确属主体不适格的,人民法院不予受理;已经受理的,裁定驳回起诉。(参见《最高人民法院关于审理劳

动争议案件适用法律问题的解释（一）》第7条）

发生争议的用人单位未办理营业执照、被吊销营业执照、营业执照到期继续经营、被责令关闭、被撤销以及用人单位解散、歇业，不能承担相关责任的，应当将用人单位和其出资人、开办单位或者主管部门作为共同当事人。（参见《劳动人事争议仲裁办案规则》第6条）

劳动者与个人承包经营者发生争议，依法向仲裁委员会申请仲裁的，应当将发包的组织和个人承包经营者作为共同当事人。（参见《劳动人事争议仲裁办案规则》第7条）

用人单位与其他单位合并的，合并前发生的劳动争议，由合并后的单位为当事人；用人单位分立为若干单位的，其分立前发生的劳动争议，由分立后的实际用人单位为当事人。用人单位分立为若干单位后，具体承受劳动权利义务的单位不明确的，分立后的单位均为当事人。（参见《最

高人民法院关于审理劳动争议案件适用法律问题的解释（一）》第26条）

劳动者在用人单位与其他平等主体之间的承包经营期间，与发包方和承包方双方或者一方发生劳动争议，依法提起诉讼的，应当将承包方和发包方作为当事人。（参见《最高人民法院关于审理劳动争议案件适用法律问题的解释（一）》第28条）

劳动者与未办理营业执照、营业执照被吊销或者营业期限届满仍继续经营的用人单位发生争议的，应当将用人单位或者其出资人列为当事人。（参见《最高人民法院关于审理劳动争议案件适用法律问题的解释（一）》第29条）

未办理营业执照、营业执照被吊销或者营业期限届满仍继续经营的用人单位，以挂靠等方式借用他人营业执照经营的，应当将用人单位和营业执照出借方列为当事人。（参见《最高人民法院

关于审理劳动争议案件适用法律问题的解释（一）》第30条）

当事人不服劳动争议仲裁机构作出的仲裁裁决，依法提起诉讼，人民法院审查认为仲裁裁决遗漏了必须共同参加仲裁的当事人的，应当依法追加遗漏的人为诉讼当事人。被追加的当事人应当承担责任的，人民法院应当一并处理。（参见《最高人民法院关于审理劳动争议案件适用法律问题的解释（一）》第31条）

具备合法经营资格的承包人将承包业务转包或者分包给不具备合法经营资格的组织或者个人，该组织或者个人招用的劳动者请求确认承包人为承担用工主体责任单位，承担支付劳动报酬、认定工伤后的工伤保险待遇等责任的，人民法院依法予以支持。（参见《最高人民法院关于审理劳动争议案件适用法律问题的解释（二）》第1条）

不具备合法经营资格的组织或者个人挂靠具备合法经营资格的单位对外经营,该组织或者个人招用的劳动者请求确认被挂靠单位为承担用工主体责任单位,承担支付劳动报酬、认定工伤后的工伤保险待遇等责任的,人民法院依法予以支持。(参见《最高人民法院关于审理劳动争议案件适用法律问题的解释(二)》第2条)

劳动者被多个存在关联关系的单位交替或者同时用工,其请求确认劳动关系的,人民法院按照下列情形分别处理:(1)已订立书面劳动合同,劳动者请求按照劳动合同确认劳动关系的,人民法院依法予以支持;(2)未订立书面劳动合同的,根据用工管理行为,综合考虑工作时间、工作内容、劳动报酬支付、社会保险费缴纳等因素确认劳动关系。劳动者请求符合前述第2项规定情形的关联单位共同承担支付劳动报酬、福利待遇等责任的,人民法院依法予以支持,但关联单位之间依法对劳动者的劳动报酬、福利待遇等作出约定且经劳动者同意的除外。(参见《最高人民法院关于审理劳动争议案件适用法律问题的解释(二)》第3条)

外国人与中华人民共和国境内的用人单位建立用工关系,有下列情形之一,外国人请求确认与用人单位存在劳动关系的,人民法院依法予以支持:(1)已取得永久居留资格的;(2)已取得工作许可且在中国境内合法停留居留的;(3)按照国家有关规定办理相关手续的。(参见《最高人民法院关于审理劳动争议案件适用法律问题的解释(二)》第4条)

依法设立的外国企业常驻代表机构可以作为劳动争议案件的当事人。当事人申请追加外国企业参加诉讼的,人民法院依法予以支持。(参见《最高人民法院关于审理劳动争议案件适用法律问题的解释(二)》第5条)

> 船员与船舶所有人之间的劳动争议不涉及船员登船、在船工作、离船遣返,当事人直接向海事法院提起诉讼的,海事法院告知当事人依照《劳动争议调解仲裁法》的规定处理。船员与船舶所有人之间的劳务合同纠纷,当事人向原告住所地、合同签订地、船员登船港或者离船港所在地、被告住所地海事法院提起诉讼的,海事法院应予受理。(参见《最高人民法院关于审理涉船员纠纷案件若干问题的规定》第1条、第2条)

第二十三条 【有利害关系的第三人】与劳动争议案件的处理结果有利害关系的第三人,可以申请参加仲裁活动或者由劳动争议仲裁委员会通知其参加仲裁活动。

疑难注释

在理解第三人参加仲裁活动时，应注意以下几个方面的问题：第一，第三人与案件处理结果有法律上的利害关系是指实体权利义务上的关系。第二，第三人参加仲裁活动有两种方式：第三人申请参加仲裁，或者由劳动争议仲裁委员会通知第三人参加仲裁。第三，第三人参加仲裁的时间应是在劳动争议仲裁程序开始后且尚未作出仲裁裁决之前。第四，凡是涉及第三人利益的劳动争议案件，第三人未参加仲裁的，仲裁裁决对其不发生法律效力。第五，参加仲裁活动的第三人，如对仲裁裁决要求其承担责任不服，可以依法向人民法院提起诉讼。第六，在仲裁中，第三人的具体权利义务主要表现为：有权了解申请人申诉、被申请人答辩的事实和理由；有权要求查阅和复制案卷的有关材料，了解仲裁的进展情况；有权陈述自己的意见，并向劳动争议仲裁委员会递交自己对该争议的意见书；无权对案件的管辖权提出异议；无权放弃或者变更申请人或者被申请人的仲裁请求；不得撤回仲裁申请等。

用人单位招用尚未解除劳动合同的劳动者，原用人单位与劳动者发生的劳动争议，可以列新的用人单位为第三人。原用人单位以新的用人单位侵权为由提起诉讼的，可以列劳动者为第三人。原用人单位以新的用人单位和劳动者共同侵权为由提起诉讼的，新的用人单位和劳动者列为共同被告。（参见《最高人民法院关于审理劳动争议案件适用法律问题的解释（一）》第27条）

第二十四条　【委托代理人参加仲裁活动】 当事人可以委托代理人参加仲裁活动。委托他人参加仲裁活动，应当向劳动争议仲裁委员会提交有委托人签名或者盖章的委托书，委托书应当载明委托事项和权限。

疑难注释

依法设立的工会法律服务机构可以接受职工的委托,指派或者委派诉讼代理人,代理其参加劳动争议诉讼活动。职工应当向人民法院提交由其本人签名或者盖章的授权委托书,指派或者委派的诉讼代理人在授权范围内代理诉讼。

依法设立的工会法律服务机构指派或者委派的诉讼代理人代理职工参与诉讼,主要有以下方式:(1)为职工当事人提供法律咨询,代写起诉状、上诉状、申诉状等法律文书;(2)在诉讼过程中为职工当事人代写应诉相关文本;(3)调查案件有关事实,搜集对职工当事人有利的证据;(4)代理职工当事人参加法院组织的立案前或者诉讼中调解,提出有利于职工当事人的调解意见和主张,促成双方当事人和解;(5)代理职工当事人出庭应诉;(6)为职工当事人实施法律法规规定或者当事人授权的其他代理行为。(参见《工会参与劳动争议处理办法》第22条、第23条)

第二十五条 【法定代理人、指定代理人或近亲属参加仲裁的情形】 丧失或者部分丧失民事行为能力的劳动者,由其法定代理人代为参加仲裁活动;无法定代理人的,由劳动争议仲裁委员会为其指定代理人。劳动者死亡的,由其近亲属或者代理人参加仲裁活动。

疑难注释

由于劳动者一般为成年人,用人单位一方多为法人或其他组织,所以规定法定代理的主要目的是保护丧失或者部分丧失民事行为能力的劳动者的利益。因此,本条所指的法定代理人是根据法律的规定行使代理权,代理当事人参加仲裁活动的人,适用于被代理人虽为成年人但因疾病、伤害等情况丧失或者部分丧失民事行为能力的情形。一般认为,在劳动争议仲裁中,丧失或者部分丧失民事行为能力的劳动者的监护人是他的法定代理人。实践中,最常见的法定仲裁代理人主要有父母、配偶、成年的兄姐等。

第二十六条 【仲裁公开原则及例外】 劳动争议仲裁公开进行,但当事人协议不公开进行或者涉及国家秘密、商业秘密和个人隐私的除外。

疑难注释

在仲裁活动中涉及国家秘密或者军事秘密的,按照国家或者军队有关保密规定执行。当事人协议不公开或者涉及商业秘密和个人隐私的,经相关当事人书面申请,仲裁委员会应当不公开审理。(参见《劳动人事争议仲裁办案规则》第25条)

第二节 申请和受理

第二十七条 【仲裁时效】 劳动争议申请仲裁的时效期间为一年。仲裁时效期间从当事人知道或者应当知道其权利被侵害之日起计算。

前款规定的仲裁时效,因当事人一方向对方当事人主张权利,或者向有关部门请求权利救济,或者对方当事人同意履行义务而中断。从中断时起,仲裁时效期间重新计算。

因不可抗力或者有其他正当理由，当事人不能在本条第一款规定的仲裁时效期间申请仲裁的，仲裁时效中止。从中止时效的原因消除之日起，仲裁时效期间继续计算。

劳动关系存续期间因拖欠劳动报酬发生争议的，劳动者申请仲裁不受本条第一款规定的仲裁时效期间的限制；但是，劳动关系终止的，应当自劳动关系终止之日起一年内提出。

疑难注释

劳动仲裁时效，是指权利人在一定期间内不行使请求劳动争议仲裁机构保护其权利的请求权，就丧失该请求权的法律制度。

仲裁期间包括法定期间和仲裁委员会指定期间。仲裁期间的计算，《劳动人事争议仲裁办案规则》未规定的，仲裁委员会可以参照民事诉讼关于期间计算的有关规定执行。（参见《劳动人事争议仲裁办案规则》第19条）

在申请仲裁的时效期间内,有下列情形之一的,仲裁时效中断:(1)一方当事人通过协商、申请调解等方式向对方当事人主张权利的;(2)一方当事人通过向有关部门投诉,向仲裁委员会申请仲裁,向人民法院起诉或者申请支付令等方式请求权利救济的;(3)对方当事人同意履行义务的。从中断时起,仲裁时效期间重新计算。(参见《劳动人事争议仲裁办案规则》第27条)

因不可抗力,或者有无民事行为能力或者限制民事行为能力劳动者的法定代理人未确定等其他正当理由,当事人不能在规定的仲裁时效期间申请仲裁的,仲裁时效中止。从中止时效的原因消除之日起,仲裁时效期间继续计算。(参见《劳动人事争议仲裁办案规则》第28条)

当事人在仲裁期间因自身原因未提出仲裁时效抗辩,在一审或者二审诉讼期间提出仲裁时效抗辩的,人民法院不予支持。当事人基于新的证据能够证明对方当事人请求权的仲裁时效期间届满的，人民法院应予支持。当事人未按照前述规定提出仲裁时效抗辩，以仲裁时效期间届满为由申请再审或者提出再审抗辩的，人民法院不予支持。(参见《最高人民法院关于审理劳动争议案件适用法律问题的解释（二）》第20条)

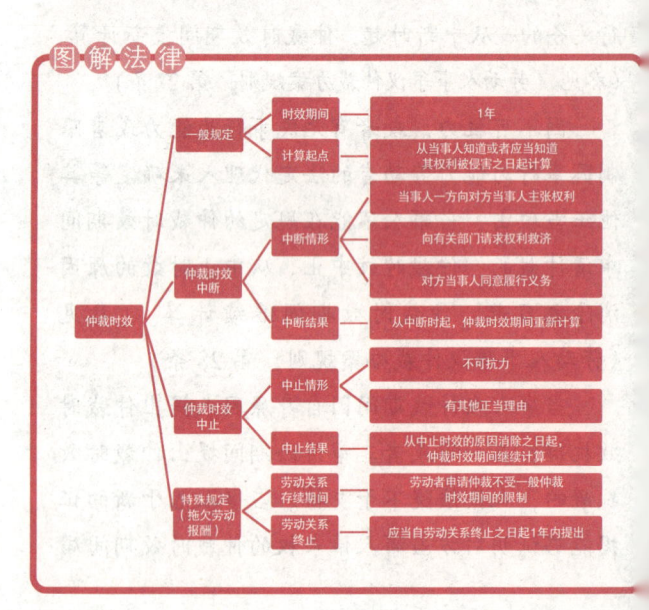

图解法律

- **仲裁时效**
  - **一般规定**
    - 时效期间：1年
    - 计算起点：从当事人知道或者应当知道其权利被侵害之日起计算
  - **仲裁时效中断**
    - 中断情形：
      - 当事人一方向对方当事人主张权利
      - 向有关部门请求权利救济
      - 对方当事人同意履行义务
    - 中断结果：从中断时起，仲裁时效期间重新计算
  - **仲裁时效中止**
    - 中止情形：
      - 不可抗力
      - 有其他正当理由
    - 中止结果：从中止时效的原因消除之日起，仲裁时效期间继续计算
  - **特殊规定（拖欠劳动报酬）**
    - 劳动关系存续期间：劳动者申请仲裁不受一般仲裁时效期间的限制
    - 劳动关系终止：应当自劳动关系终止之日起1年内提出

实务点拨

加班费的仲裁时效的认定

实务观点：仲裁时效分为普通仲裁时效和特别仲裁时效，在劳动关系存续期间因拖欠劳动报酬发生劳动争议的，应当适用特别仲裁时效，即劳动关系存续期间的拖欠劳动报酬仲裁时效不受"知道或者应当知道权利被侵害之日起一年"的限制，但是劳动关系终止的，应当自劳动关系终止之日起1年内提出。加班费属于劳动报酬，相关争议处理中应当适用特别仲裁时效。本案中，某建筑公司主张张某加班费的请求已经超过了1年的仲裁时效，不应予以支持。人民法院认为，张某与某建筑公司的劳动合同于2019年2月解除，其支付加班费的请求应自劳动合同解除之日起1年内提出，张某于2019年12月提出仲裁申请，其请求并未超过仲裁时效。根据劳动保障监察机构在执法中调取的工资表上的考勤记录，人民法院认定张某存在加班的事实，判决某建筑公司支付张某加班费。

典型意义：时效，是指权利人不行使权利的事实状态持续经过法定期间，其权利即发生效力减损的制度。作为权利行使尤其是救济权行使期间的一种，时效既与当事人的实体权利密切相关，又与当事人通过相应的程序救济其权益密不可分。获取劳动报酬权是劳动权益中最基本、最重要的权益，考虑劳动者在劳动关系存续期间的弱势地位，法律对于拖欠劳动报酬争议设置了特别仲裁时效，对于有效保护劳动者权益具有重要意义。[1]

第二十八条 【申请仲裁的形式】

申请人申请仲裁应当提交书面仲裁申请，并按照被申请人人数提交副本。

仲裁申请书应当载明下列事项：

---

[1] 《劳动人事争议典型案例（第二批）》，案例10. 加班费的仲裁时效当如何认定，载最高人民法院网，https://www.court.gov.cn/zixun/xiangqin 319151.html，最后访问时间：2025年8月4日。

（一）劳动者的姓名、性别、年龄、职业、工作单位和住所，用人单位的名称、住所和法定代表人或者主要负责人的姓名、职务；

（二）仲裁请求和所根据的事实、理由；

（三）证据和证据来源、证人姓名和住所。

书写仲裁申请确有困难的，可以口头申请，由劳动争议仲裁委员会记入笔录，并告知对方当事人。

疑难注释

申请人申请仲裁应当提交书面仲裁申请，并按照被申请人人数提交副本。仲裁申请书应当载明下列事项：（1）劳动者的姓名、性别、出生日期、身份证件号码、住所、通讯地址和联系电话，用人单位的名称、住所、通讯地址、联系电话和法定代表人或者主要负责人的姓名、职务；（2）仲裁请求和所根据的事实、理由；（3）证据和证据来源，证人姓名和住所。书写仲裁申请确有困难的，可以口头申请，由仲裁委员会记入笔录，经申请人签名、盖章或者捺印确认。对于仲裁申请书不规范或者材料不齐备的，仲裁委员会应当当场或者在5日内一次性告知申请人需要补正的全部材料。仲裁委员会收取当事人提交的材料应当出具收件回执。(参见《劳动人事争议仲裁办案规则》第29条)

仲裁处理结果作出前，申请人可以自行撤回仲裁申请。申请人再次申请仲裁的，仲裁委员会应当受理。(参见《劳动人事争议仲裁办案规则》第35条)

被申请人可以在答辩期间提出反申请，仲裁委员会应当自收到被申请人反申请之日起5日内决定是否受理并通知被申请人。决定受理的，仲裁委员会可以将反申请和申请合并处理。反申请应当另行申请仲裁的，仲裁委员会应当书面告知被申请人另行申请仲裁；反申请不属于《劳动人事争议仲裁办案规则》规定应当受理的，仲裁委员会应当向被申请人出具不予受理通知书。

被申请人答辩期满后对申请人提出反申请的,应当另行申请仲裁。(参见《劳动人事争议仲裁办案规则》第36条)

申请人在举证期限届满前可以提出增加或者变更仲裁请求;仲裁庭对申请人增加或者变更的仲裁请求审查后认为应当受理的,应当通知被申请人并给予答辩期,被申请人明确表示放弃答辩期的除外。申请人在举证期限届满后提出增加或者变更仲裁请求的,应当另行申请仲裁。(参见《劳动人事争议仲裁办案规则》第44条)

人民法院受理劳动争议案件后,当事人增加诉讼请求的,如该诉讼请求与讼争的劳动争议具有不可分性,应当合并审理;如属独立的劳动争议,应当告知当事人向劳动争议仲裁机构申请仲裁。(参见《最高人民法院关于审理劳动争议案件适用法律问题的解释(一)》第14条)

第二十九条 【仲裁的受理】劳动争议仲裁委员会收到仲裁申请之日起五日内,认为符合受理条件的,应当受理,并通知申请人;认为不符合受理条件的,应当书面通知申请人不予受理,并说明理由。对劳动争议仲裁委员会不予受理或者逾期未作出决定的,申请人可以就该劳动争议事项向人民法院提起诉讼。

疑难注释

《劳动人事争议仲裁办案规则》适用下列争议的仲裁:(1)企业、个体经济组织、民办非企业单位等组织与劳动者之间,以及机关、事业单位、社会团体与其建立劳动关系的劳动者之间,因确认劳动关系,订立、履行、变更、解除和终止劳动合同,工作时间、休息休假、社会保险、福利、培训以及劳动保护,劳动报酬、工伤医疗费、经济补偿或者赔偿金等发生的争议;(2)实施公务员法的机关与聘任制公务员之间、参照公务员法管理的机关(单位)与聘任工作人员之间因履行聘任合同发生的争议;(3)事业单位与其建立人事关系的工作人员之间因终止人事关系以及履行聘用合同发生的争议；(4) 社会团体与其建立人事关系的工作人员之间因终止人事关系以及履行聘用合同发生的争议；(5) 军队文职人员用人单位与聘用制文职人员之间因履行聘用合同发生的争议；(6) 法律、法规规定由劳动人事争议仲裁委员会处理的其他争议。(参见《劳动人事争议仲裁办案规则》第2条)

仲裁委员会对符合下列条件的仲裁申请应当予以受理，并在收到仲裁申请之日起5日内向申请人出具受理通知书：(1) 属于《劳动人事争议仲裁办案规则》第2条规定的争议范围；(2) 有明确的仲裁请求和事实理由；(3) 申请人是与本案有直接利害关系的自然人、法人或者其他组织，有明确的被申请人；(4) 属于本仲裁委员会管辖范围。(参见《劳动人事争议仲裁办案规则》第30条)

对不符合《劳动人事争议仲裁办案规则》第

30条第1、2、3项规定之一的仲裁申请,仲裁委员会不予受理,并在收到仲裁申请之日起5日内向申请人出具不予受理通知书;对不符合《劳动人事争议仲裁办案规则》第30条第4项规定的仲裁申请,仲裁委员会应当在收到仲裁申请之日起5日内,向申请人作出书面说明并告知申请人向有管辖权的仲裁委员会申请仲裁。对仲裁委员会逾期未作出决定或者决定不予受理的,申请人可以就该争议事项向人民法院提起诉讼。(参见《劳动人事争议仲裁办案规则》第31条)

仲裁委员会受理案件后,发现不应当受理的,除《劳动人事争议仲裁办案规则》第9条规定外,应当撤销案件,并自决定撤销案件后5日内,以决定书的形式通知当事人。(参见《劳动人事争议仲裁办案规则》第32条)

符合下列情形之一,申请人基于同一事实、理由和仲裁请求又申请仲裁的,仲裁委员会不予受理：(1) 仲裁委员会已经依法出具不予受理通知书的；(2) 案件已在仲裁、诉讼过程中或者调解书、裁决书、判决书已经发生法律效力的。(参见《劳动人事争议仲裁办案规则》第34条)

劳动争议仲裁机构以当事人申请仲裁的事项不属于劳动争议为由，作出不予受理的书面裁决、决定或者通知，当事人不服依法提起诉讼的，人民法院应当分别情况予以处理：(1) 属于劳动争议案件的，应当受理；(2) 虽不属于劳动争议案件，但属于人民法院主管的其他案件，应当依法受理。(参见《最高人民法院关于审理劳动争议案件适用法律问题的解释（一）》第6条)

劳动人事争议仲裁委员会对调解协议仲裁审查申请不予受理或者经仲裁审查决定不予制作调解书的，当事人可依法就协议内容中属于劳动人事争议仲裁受理范围的事项申请仲裁。当事人直接向人民法院提起诉讼的，人民法院不予受理，但下列情形除外：(1) 依据《劳动争议调解仲裁法》第16条规定申请支付令被人民法院裁定终结督促程序后，劳动者依据调解协议直接提起诉讼的；(2) 当事人在《劳动争议调解仲裁法》第10条规定的调解组织主持下仅就劳动报酬争议达成调解协议，用人单位不履行调解协议约定的给付义务，劳动者直接提起诉讼的；(3) 当事人在经依法设立的调解组织主持下就支付拖欠劳动报酬、工伤医疗费、经济补偿或者赔偿金事项达成调解协议，双方当事人依据《民事诉讼法》第205条规定共同向人民法院申请司法确认，人民法院不予确认，劳动者依据调解协议直接提起诉讼的。（参见《人力资源社会保障部、最高人民法院关于劳动人事争议仲裁与诉讼衔接有关问题的意见（一）》第1条）

第三十条 【被申请人答辩书】 劳动争议仲裁委员会受理仲裁申请后,应当在五日内将仲裁申请书副本送达被申请人。

被申请人收到仲裁申请书副本后,应当在十日内向劳动争议仲裁委员会提交答辩书。劳动争议仲裁委员会收到答辩书后,应当在五日内将答辩书副本送达申请人。被申请人未提交答辩书的,不影响仲裁程序的进行。

疑难注释

仲裁答辩是仲裁案件的被申请人为维护自己的权益,就申请人在仲裁申请书中提出的仲裁请求及所依据的事实、理由所作出的答复与反驳。

仲裁委员会送达仲裁文书必须有送达回证,由受送达人在送达回证上记明收到日期,并签名或者盖章。受送达人在送达回证上的签收日期为送达日期。因企业停业等原因导致无法送达且劳动者一方在10人以上的,或者受送达人拒绝签收仲裁文书的，通过在受送达人住所留置、张贴仲裁文书，并采用拍照、录像等方式记录的，自留置、张贴之日起经过3日即视为送达，不受前述限制。仲裁文书的送达方式，《劳动人事争议仲裁办案规则》未规定的，仲裁委员会可以参照民事诉讼关于送达方式的有关规定执行。（参见《劳动人事争议仲裁办案规则》第20条）

第三节 开庭和裁决

第三十一条 【仲裁庭】 劳动争议仲裁委员会裁决劳动争议案件实行仲裁庭制。仲裁庭由三名仲裁员组成，设首席仲裁员。简单劳动争议案件可以由一名仲裁员独任仲裁。

疑难注释

仲裁委员会处理争议案件实行仲裁庭制度,实行一案一庭制。仲裁委员会可以根据案件处理实际需要设立派驻仲裁庭、巡回仲裁庭、流动仲裁庭,就近就地处理争议案件。处理下列争议案件应当由3名仲裁员组成仲裁庭,设首席仲裁员:(1)10人以上并有共同请求的争议案件;(2)履行集体合同发生的争议案件;(3)有重大影响或者疑难复杂的争议案件;(4)仲裁委员会认为应当由3名仲裁员组庭处理的其他争议案件。简单争议案件可以由1名仲裁员独任仲裁。记录人员负责案件庭审记录等相关工作。记录人员不得由本庭仲裁员兼任。仲裁庭组成不符合规定的,仲裁委员会应当予以撤销并重新组庭。(参见《劳动人事争议仲裁组织规则》第12—15条)

仲裁委员会处理集体劳动人事争议案件,应当由3名仲裁员组成仲裁庭,设首席仲裁员。仲

裁委员会处理因履行集体合同发生的劳动争议，应当按照三方原则组成仲裁庭处理。（参见《劳动人事争议仲裁办案规则》第65条）

第三十二条 【通知仲裁庭的组成情况】劳动争议仲裁委员会应当在受理仲裁申请之日起五日内将仲裁庭的组成情况书面通知当事人。

疑难注释

这里的"书面通知"包括电报、电传、传真、信件或其他以文字表述的通知形式。以书面形式通知当事人，可以避免因通知方式的问题造成当事人对通知内容不清楚，或者出现通知错误的情况，影响仲裁权利的行使。而且，在劳动争议仲裁委员会与被通知人就通知内容、时间、方式出现争议时，"书面通知"便于双方举证，明确责任。

第三十三条 【回避】仲裁员有下列情形之一,应当回避,当事人也有权以口头或者书面方式提出回避申请:

(一)是本案当事人或者当事人、代理人的近亲属的;

(二)与本案有利害关系的;

(三)与本案当事人、代理人有其他关系,可能影响公正裁决的;

(四)私自会见当事人、代理人,或者接受当事人、代理人的请客送礼的。

劳动争议仲裁委员会对回避申请应当及时作出决定,并以口头或者书面方式通知当事人。

疑难注释

仲裁员回避,是指仲裁委员会在仲裁劳动争议案件时,仲裁庭成员认为自己不适宜参加本案审理,依照法律的规定,自行申请退出仲裁,或者当事人认为由于某种原因仲裁庭成员可能存在裁决不公的情形，申请要求其退出仲裁活动。回避的方式主要有两种：一是"自行回避"；二是"当事人申请回避"。

当事人申请回避，应当在案件开庭审理前提出，并说明理由。回避事由在案件开庭审理后知晓的，也可以在庭审辩论终结前提出。当事人在庭审辩论终结后提出回避申请的，不影响仲裁程序的进行。仲裁委员会应当在回避申请提出的3日内，以口头或者书面形式作出决定。以口头形式作出的，应当记入笔录。（参见《劳动人事争议仲裁办案规则》第11条）

仲裁员、记录人员是否回避，由仲裁委员会主任或者其委托的仲裁院负责人决定。仲裁委员会主任担任案件仲裁员是否回避，由仲裁委员会决定。在回避决定作出前，被申请回避的人员应当暂停参与该案处理，但因案件需要采取紧急措施的除外。（参见《劳动人事争议仲裁办案规则》第12条）

第三十四条 【仲裁员承担责任的情形】仲裁员有本法第三十三条第四项规定情形，或者有索贿受贿、徇私舞弊、枉法裁决行为的，应当依法承担法律责任。劳动争议仲裁委员会应当将其解聘。

疑难注释

仲裁员不得有下列行为：（1）徇私枉法，偏袒一方当事人；（2）滥用职权，侵犯当事人合法权益；（3）利用职权为自己或者他人谋取私利；（4）隐瞒证据或者伪造证据；（5）私自会见当事人及其代理人，接受当事人及其代理人的请客送礼；（6）故意拖延办案、玩忽职守；（7）泄露案件涉及的国家秘密、商业秘密和个人隐私或者擅自透露案件处理情况；（8）在受聘期间担任所在仲裁委员会受理案件的代理人；（9）其他违法违纪的行为。（参见《劳动人事争议仲裁组织规则》第33条）

仲裁员有《劳动人事争议仲裁组织规则》第33条规定情形的，仲裁委员会视情节轻重，给予批评教育、解聘等处理；被解聘的，5年内不得再次被聘为仲裁员。仲裁员所在单位根据国家有关规定对其给予处分；构成犯罪的，依法追究刑事责任。(参见《劳动人事争议仲裁组织规则》第34条)

记录人员等办案辅助人员应当认真履行职责，严守工作纪律，不得有玩忽职守、偏袒一方当事人、泄露案件涉及的国家秘密、商业秘密和个人隐私或者擅自透露案件处理情况等行为。办案辅助人员违反前述规定的，应当按照有关法律法规和《劳动人事争议仲裁组织规则》第34条的规定处理。(参见《劳动人事争议仲裁组织规则》第35条)

依法承担仲裁职责的人员，在仲裁活动中故意违背事实和法律作枉法裁决，情节严重的，处3年以下有期徒刑或者拘役；情节特别严重的，处3年以上7年以下有期徒刑。(参见《刑法》第399条之一)

第三十五条 【开庭通知及延期】 仲裁庭应当在开庭五日前,将开庭日期、地点书面通知双方当事人。当事人有正当理由的,可以在开庭三日前请求延期开庭。是否延期,由劳动争议仲裁委员会决定。

疑难注释

延期开庭,是指当事人在仲裁庭通知其开庭日期后开庭3日前,由于出现法定事由,导致仲裁审理程序无法按期进行的,提出延期开庭的请求,经仲裁委员会同意,将仲裁审理推延到另一日期进行的行为。

有下列情形之一的,可以延期开庭审理:(1)必须到庭的当事人和其他诉讼参与人有正当理由没有到庭的;(2)当事人临时提出回避申请的;(3)需要通知新的证人到庭,调取新的证据,重新鉴定、勘验,或者需要补充调查的;(4)其他应当延期的情形。(参见《民事诉讼法》第149条)

第三十六条 【申请人、被申请人无故不到庭或中途退庭】 申请人收到书面通知,无正当理由拒不到庭或者未经仲裁庭同意中途退庭的,可以视为撤回仲裁申请。

被申请人收到书面通知,无正当理由拒不到庭或者未经仲裁庭同意中途退庭的,可以缺席裁决。

疑难注释

视为撤回仲裁申请,是指劳动争议仲裁的申请人虽然未主动提出撤回仲裁的申请,但是,申请人出现法律规定的情形且其行为已经表明其不愿意继续进行仲裁的,可以按照申请人撤回仲裁申请处理,从而终结劳动争议案件仲裁。

缺席裁决,是指在只有一方当事人到庭参与仲裁审理时,仲裁庭仅就到庭一方当事人进行调查、审查核实证据,听取意见,并在对未到庭一方当事人提供的书面资料进行审查后,即作出仲裁裁决的仲裁活动。

申请人收到书面开庭通知，无正当理由拒不到庭或者未经仲裁庭同意中途退庭的，可以按撤回仲裁申请处理；申请人重新申请仲裁的，仲裁委员会不予受理。被申请人收到书面开庭通知，无正当理由拒不到庭或者未经仲裁庭同意中途退庭的，仲裁庭可以继续开庭审理，并缺席裁决。（参见《劳动人事争议仲裁办案规则》第39条）

申请人撤回仲裁申请后向人民法院起诉的，人民法院应当裁定不予受理；已经受理的，应当裁定驳回起诉。申请人再次申请仲裁的，劳动人事争议仲裁委员会应当受理。（参见《人力资源社会保障部、最高人民法院关于劳动人事争议仲裁与诉讼衔接有关问题的意见（一）》第4条）

第三十七条 【鉴定】仲裁庭对专门性问题认需要鉴定的，可以交由当事人约定的鉴定机构鉴；当事人没有约定或者无法达成约定的，由仲裁指定的鉴定机构鉴定。

根据当事人的请求或者仲裁庭的要求，鉴定机构应当派鉴定人参加开庭。当事人经仲裁庭许可可以向鉴定人提问。

疑难注释

鉴定，是指鉴定主体根据司法机关、仲裁机构或者当事人的申请，通过对鉴定材料进行观察、比较、检验、鉴别等专业性、技术性活动，对案件涉及的专门性问题进行分析、判断，作出鉴定意见的活动。常见的鉴定包括医学鉴定、痕迹鉴定、文书鉴定、会计鉴定、产品质量鉴定、伤残鉴定等。劳动争议仲裁案件经常涉及的鉴定包括劳动能力鉴定、职业病鉴定等。

当事人申请鉴定的，鉴定费由申请鉴定方先行垫付，案件处理终结后，由鉴定结果对其不利方负担。鉴定结果不明确的，由申请鉴定方负担。（参见《劳动人事争议仲裁办案规则》第40条）

当事人对鉴定意见有异议或者人民法院认为鉴定人有必要出庭的,鉴定人应当出庭作证。经人民法院通知,鉴定人拒不出庭作证的,鉴定意见不得作为认定事实的根据;支付鉴定费用的当事人可以要求返还鉴定费用。(参见《民事诉讼法》第81条)

第三十八条 【质证和辩论】当事人在仲裁过程中有权进行质证和辩论。质证和辩论终结时,首席仲裁员或者独任仲裁员应当征询当事人的最后意见。

疑难注释

质证,是指当事人在仲裁庭的主持下,对对方当事人提供的证据的真实性、关联性和合法性提出质疑,否定其证明力的活动。质证通常按下列顺序进行:(1)申请人出示证据,被申请人、第三人与申请人进行质证;(2)被申请人出示证据，申请人、第三人与被申请人进行质证；(3) 第三人出示证据，申请人、被申请人与第三人进行质证。案件有两个以上独立的请求的，当事人可以逐个出示证据进行质证。仲裁庭应当将当事人的质证情况记入笔录，并由当事人核对后签名或者盖章。

当事人在仲裁程序中认可的证据，经审判人员在庭审中说明后，视为质证过的证据。（参见《人力资源社会保障部、最高人民法院关于劳动人事争议仲裁与诉讼衔接有关问题的意见（一）》第6条）

辩论，是指在仲裁庭的主持下，双方当事人就争议的事实认定问题和法律适用问题，各自陈述己方的主张和根据，挑战对方的主张和根据，对对方的挑战进行反驳，以维护己方的合法权益的活动。通过双方当事人的辩论，仲裁庭可以进一步查清事实，确定定案的根据，正确适用法律，最终作出公正的裁决。

第三十九条 【举证】
当事人提供的证据经查证属实的,仲裁庭应当将其作为认定事实的根据。

劳动者无法提供由用人单位掌握管理的与仲裁请求有关的证据,仲裁庭可以要求用人单位在指定期限内提供。用人单位在指定期限内不提供的,应当承担不利后果。

疑难注释

证据,是指证明主体提供的用来证明案件事实的材料。证据经查证属实的,才能作为仲裁庭认定事实的根据。所谓查证属实,是指证据在仲裁庭的主持下,经当事人出示、对方质证和仲裁庭认证,认为证据具有真实性、关联性和合法性。

证据包括:(1)当事人的陈述;(2)书证;(3)物证;(4)视听资料;(5)电子数据;(6)证人证言;(7)鉴定意见;(8)勘验笔录。证据必须查证属实,才能作为认定事实的根据。(参见《民事诉讼法》第66条)

承担举证责任的当事人应当在仲裁委员会指定的期限内提供有关证据。当事人在该期限内提供证据确有困难的，可以向仲裁委员会申请延长期限，仲裁委员会根据当事人的申请适当延长。当事人逾期提供证据的，仲裁委员会应当责令其说明理由；拒不说明理由或者理由不成立的，仲裁委员会可以根据不同情形不予采纳该证据，或者采纳该证据但予以训诫。（参见《劳动人事争议仲裁办案规则》第15条）

当事人因客观原因不能自行收集的证据，仲裁委员会可以根据当事人的申请，参照民事诉讼有关规定予以收集；仲裁委员会认为有必要的，也可以决定参照民事诉讼有关规定予以收集。（参见《劳动人事争议仲裁办案规则》第16条）

仲裁委员会依法调查取证时，有关单位和个人应当协助配合。仲裁委员会调查取证时，不得少于2人，并应当向被调查对象出示工作证件和

仲裁委员会出具的介绍信。(参见《劳动人事争议仲裁办案规则》第 17 条)

争议处理中涉及证据形式、证据提交、证据交换、证据质证、证据认定等事项,《劳动人事争议仲裁办案规则》未规定的,可以参照民事诉讼证据规则的有关规定执行。(参见《劳动人事争议仲裁办案规则》第 18 条)

依法负有举证责任的当事人,在诉讼期间提交仲裁中未提交的证据的,人民法院应当要求其说明理由。(参见《人力资源社会保障部、最高人民法院关于劳动人事争议仲裁与诉讼衔接有关问题的意见(一)》第 7 条)

在仲裁或者诉讼程序中,一方当事人陈述的于己不利的事实,或者对于己不利的事实明确表示承认的,另一方当事人无需举证证明,但下列情形不适用有关自认的规定:(1)涉及可能损害国家利益、社会公共利益的;(2)涉及身份关系的；(3) 当事人有恶意串通损害他人合法权益可能的；(4) 涉及依职权追加当事人、中止仲裁或者诉讼、终结仲裁或者诉讼、回避等程序性事项的。当事人自认的事实与已经查明的事实不符的，劳动人事争议仲裁委员会、人民法院不予确认。(参见《人力资源社会保障部、最高人民法院关于劳动人事争议仲裁与诉讼衔接有关问题的意见（一）》第8条)

当事人在诉讼程序中否认在仲裁程序中自认事实的，人民法院不予支持，但下列情形除外：(1) 经对方当事人同意的；(2) 自认是在受胁迫或者重大误解情况下作出的。(参见《人力资源社会保障部、最高人民法院关于劳动人事争议仲裁与诉讼衔接有关问题的意见（一）》第9条)

因用人单位作出的开除、除名、辞退、解除劳动合同、减少劳动报酬、计算劳动者工作年限等决定而发生的劳动争议,用人单位负举证责任。(参见《最高人民法院关于审理劳动争议案件适用法律问题的解释(一)》第44条)

第四十条 【开庭笔录】 仲裁庭应当将开庭情况记入笔录。当事人和其他仲裁参加人认为对自己陈述的记录有遗漏或者差错的,有权申请补正。如果不予补正,应当记录该申请。

笔录由仲裁员、记录人员、当事人和其他仲裁参加人签名或者盖章。

疑难注释

开庭笔录是仲裁庭记录人员制作的,如实反映仲裁庭开庭审理劳动争议案件过程中仲裁员、当事人以及其他仲裁参加人陈述意见、互相质证、进行辩论、变更请求、庭前调解等活动的书面记录。

当事人或者其他仲裁参与人拒绝在庭审笔录上签名或者盖章的，仲裁庭应当记明情况附卷。(参见《劳动人事争议仲裁办案规则》第42条第2款第2句)

第四十一条 【申请仲裁后自行和解】当事人申请劳动争议仲裁后，可以自行和解。达成和解协议的，可以撤回仲裁申请。

疑难注释

和解与调解的主要区别

对比制度	和解	调解
达成前提	当事人在自愿和享有处分权的前提下，通过平等协商、互相妥协达成	
是否由仲裁庭主持	当事人自行通过协商达成解决方案，不由仲裁庭主持	当事人在仲裁庭的主持下达成解决方案

对比制度	和解	调解
发生的阶段	可以发生在当事人申请仲裁后到裁决作出前的任一阶段,可以在开庭时,也可以在开庭前或开庭后	只能发生在仲裁庭作出裁决前的阶段
达成协议后结案的方式	达成和解协议后当事人撤回仲裁申请的,劳动争议仲裁即结案	达成调解协议后仲裁庭制作调解书的,劳动争议仲裁即结案

第四十二条 【先行调解】仲裁庭在作出裁决前,应当先行调解。

调解达成协议的,仲裁庭应当制作调解书。

调解书应当写明仲裁请求和当事人协议的结果。调解书由仲裁员签名,加盖劳动争议仲裁委员会印章,送达双方当事人。调解书经双方当事人签收后,发生法律效力。

调解不成或者调解书送达前，一方当事人反悔的，仲裁庭应当及时作出裁决。

疑难注释

对未经调解、当事人直接申请仲裁的争议，仲裁委员会可以向当事人发出调解建议书，引导其到调解组织进行调解。当事人同意先行调解的，应当暂缓受理；当事人不同意先行调解的，应当依法受理。（参见《劳动人事争议仲裁办案规则》第69条）

开庭之前，经双方当事人同意，仲裁庭可以委托调解组织或者其他具有调解能力的组织、个人进行调解。自当事人同意之日起10日内未达成调解协议的，应当开庭审理。（参见《劳动人事争议仲裁办案规则》第70条）

仲裁庭审理争议案件时，应当进行调解。必要时可以邀请有关单位、组织或者个人参与调解。（参见《劳动人事争议仲裁办案规则》第71条）

当事人就部分仲裁请求达成调解协议的，仲裁庭可以就该部分先行出具调解书。(参见《劳动人事争议仲裁办案规则》第 73 条)

仲裁委员会审查调解协议，应当自受理仲裁审查申请之日起 5 日内结束。因特殊情况需要延期的，经仲裁委员会主任或者其委托的仲裁院负责人批准，可以延长 5 日。调解书送达前，一方或者双方当事人撤回仲裁审查申请的，仲裁委员会应当准许。(参见《劳动人事争议仲裁办案规则》第 76 条)

调解协议具有下列情形之一的，仲裁委员会不予制作调解书：(1) 违反法律、行政法规强制性规定的；(2) 损害国家利益、社会公共利益或者公民、法人、其他组织合法权益的；(3) 当事人提供证据材料有弄虚作假嫌疑的；(4) 违反自愿原则的；(5) 内容不明确的；(6) 其他不能制作调解书的情形。仲裁委员会决定不予制作调解

书的，应当书面通知当事人。(参见《劳动人事争议仲裁办案规则》第78条)

当事人撤回仲裁审查申请或者仲裁委员会决定不予制作调解书的，应当终止仲裁审查。(参见《劳动人事争议仲裁办案规则》第79条)

第四十三条　【仲裁案件审理期限】仲裁庭裁决劳动争议案件，应当自劳动争议仲裁委员会受理仲裁申请之日起四十五日内结束。案情复杂需要延期的，经劳动争议仲裁委员会主任批准，可以延期并书面通知当事人，但是延长期限不得超过十五日。逾期未作出仲裁裁决的，当事人可以就该劳动争议事项向人民法院提起诉讼。

仲裁庭裁决劳动争议案件时，其中一部分事实已经清楚，可以就该部分先行裁决。

疑难注释

有下列情形的,仲裁期限按照下列规定计算:(1)仲裁庭追加当事人或者第三人的,仲裁期限从决定追加之日起重新计算;(2)申请人需要补正材料的,仲裁委员会收到仲裁申请的时间从材料补正之日起重新计算;(3)增加、变更仲裁请求的,仲裁期限从受理增加、变更仲裁请求之日起重新计算;(4)仲裁申请和反申请合并处理的,仲裁期限从受理反申请之日起重新计算;(5)案件移送管辖的,仲裁期限从接受移送之日起重新计算;(6)中止审理期间、公告送达期间不计入仲裁期限内;(7)法律、法规规定应当另行计算的其他情形。(参见《劳动人事争议仲裁办案规则》第46条)

有下列情形之一的,经仲裁委员会主任或者其委托的仲裁院负责人批准,可以中止案件审理,并书面通知当事人:(1)劳动者一方当事人死亡,需要等待继承人表明是否参加仲裁的;

(2) 劳动者一方当事人丧失民事行为能力，尚未确定法定代理人参加仲裁的；(3) 用人单位终止，尚未确定权利义务承继者的；(4) 一方当事人因不可抗拒的事由，不能参加仲裁的；(5) 案件审理需要以其他案件的审理结果为依据，且其他案件尚未审结的；(6) 案件处理需要等待工伤认定、伤残等级鉴定以及其他鉴定结论的；(7) 其他应当中止仲裁审理的情形。中止审理的情形消除后，仲裁庭应当恢复审理。(参见《劳动人事争议仲裁办案规则》第47条)

当事人因仲裁庭逾期未作出仲裁裁决而向人民法院提起诉讼并立案受理的，仲裁委员会应当决定该案件终止审理；当事人未就该争议事项向人民法院提起诉讼的，仲裁委员会应当继续处理。(参见《劳动人事争议仲裁办案规则》第48条)

仲裁庭裁决案件时，其中一部分事实已经清

楚的，可以就该部分先行裁决。当事人对先行裁决不服的，可以按照《劳动争议调解仲裁法》有关规定处理。（参见《劳动人事争议仲裁办案规则》第49条）

　　劳动争议仲裁机构逾期未作出受理决定或仲裁裁决，当事人直接提起诉讼的，人民法院应予受理，但申请仲裁的案件存在下列事由的除外：(1) 移送管辖的；(2) 正在送达或者送达延误的；(3) 等待另案诉讼结果、评残结论的；(4) 正在等待劳动争议仲裁机构开庭的；(5) 启动鉴定程序或者委托其他部门调查取证的；(6) 其他正当事由。当事人以劳动争议仲裁机构逾期未作出仲裁裁决为由提起诉讼的，应当提交该仲裁机构出具的受理通知书或者其他已接受仲裁申请的凭证、证明。（参见《最高人民法院关于审理劳动争议案件适用法律问题的解释（一）》第12条）

第四十四条 【可以裁决先予执行的案件】仲裁庭对追索劳动报酬、工伤医疗费、经济补偿或者赔偿金的案件，根据当事人的申请，可以裁决先予执行，移送人民法院执行。

仲裁庭裁决先予执行的，应当符合下列条件：

（一）当事人之间权利义务关系明确；

（二）不先予执行将严重影响申请人的生活。

劳动者申请先予执行的，可以不提供担保。

疑难注释

当事人不服劳动争议仲裁机构作出的预先支付劳动者劳动报酬、工伤医疗费、经济补偿或者赔偿金的裁决，依法提起诉讼的，人民法院不予受理。用人单位不履行上述裁决中的给付义务，劳动者依法申请强制执行的，人民法院应予受理。（参见《最高人民法院关于审理劳动争议案件适用法律问题的解释（一）》第10条）

在诉讼过程中，劳动者向人民法院申请采取财产保全措施，人民法院经审查认为申请人经济确有困难,或者有证据证明用人单位存在欠薪逃匿可能的,应当减轻或者免除劳动者提供担保的义务,及时采取保全措施。人民法院作出的财产保全裁定中,应当告知当事人在劳动争议仲裁机构的裁决书或者在人民法院的裁判文书生效后3个月内申请强制执行。逾期不申请的,人民法院应当裁定解除保全措施。(参见《最高人民法院关于审理劳动争议案件适用法律问题的解释(一)》第49条)

第四十五条 【作出裁决意见】 裁决应当按照多数仲裁员的意见作出,少数仲裁员的不同意见应当记入笔录。仲裁庭不能形成多数意见时,裁决应当按照首席仲裁员的意见作出。

疑难注释

首席仲裁员是仲裁庭的主持者，要负责整个仲裁庭的审理工作，但对于仲裁裁决的表决权，他与其他仲裁员是平等的，只有投票权，没有特权。在实践中，当无法形成多数意见时，首席仲裁员首先应当组织仲裁员重新对案件进行评议，以形成多数意见。当无法形成多数意见时，可按法律规定由首席仲裁员决定。另外，如果形成的多数意见是2名仲裁员的一致意见，首席仲裁员也应服从多数意见，不同意见应当记入笔录。

第四十六条 【裁决书】裁决书应当载明仲裁请求、争议事实、裁决理由、裁决结果和裁决日期。裁决书由仲裁员签名，加盖劳动争议仲裁委员会印章。对裁决持不同意见的仲裁员，可以签名，也可以不签名。

疑难注释

裁决书应当载明仲裁请求、争议事实、裁决理由、裁决结果、当事人权利和裁决日期。裁决书由仲裁员签名,加盖仲裁委员会印章。对裁决持不同意见的仲裁员,可以签名,也可以不签名。(参见《劳动人事争议仲裁办案规则》第53条)

对裁决书中的文字、计算错误或者仲裁庭已经裁决但在裁决书中遗漏的事项,仲裁庭应当及时制作决定书予以补正并送达当事人。(参见《劳动人事争议仲裁办案规则》第54条)

仲裁裁决的类型以仲裁裁决书确定为准。仲裁裁决书未载明该裁决为终局裁决或者非终局裁决,用人单位不服该仲裁裁决向基层人民法院提起诉讼的,应当按照以下情形分别处理:(1)经审查认为该仲裁裁决为非终局裁决的,基层人民法院应予受理;(2)经审查认为该仲裁裁决为终局裁决的,基层人民法院不予受理,但应告知用人单位可以自收到不予受理裁定书之日起30日内向劳动争议仲裁机构所在地的中级人民法院申请撤销该仲裁裁决；已经受理的，裁定驳回起诉。（参见《最高人民法院关于审理劳动争议案件适用法律问题的解释（一）》第18条）

劳动人事争议仲裁委员会认为已经生效的仲裁处理结果确有错误，可以依法启动仲裁监督程序，但当事人提起诉讼，人民法院已经受理的除外。（参见《人力资源社会保障部、最高人民法院关于劳动人事争议仲裁与诉讼衔接有关问题的意见（一）》第18条第1款）

劳动争议仲裁机构为纠正原仲裁裁决错误重新作出裁决，当事人不服依法提起诉讼的，人民法院应当受理。（参见《最高人民法院关于审理劳动争议案件适用法律问题的解释（一）》第8条）

第四十七条 【一裁终局的案件】下列劳动争议，除本法另有规定的外，仲裁裁决为终局裁决裁决书自作出之日起发生法律效力：

（一）追索劳动报酬、工伤医疗费、经济补偿或者赔偿金，不超过当地月最低工资标准十二个月金额的争议；

（二）因执行国家的劳动标准在工作时间、休息休假、社会保险等方面发生的争议。

疑难注释

仲裁庭裁决案件时，申请人根据《劳动争议调解仲裁法》第47条第1项规定，追索劳动报酬、工伤医疗费、经济补偿或者赔偿金，如果仲裁裁决涉及数项，对单项裁决数额不超过当地月最低工资标准12个月金额的事项，应当适用终局裁决。前述经济补偿包括《劳动合同法》规定的竞业限制期限内给予的经济补偿、解除或者终止劳动合同的经济补偿等；赔偿金包括《劳动合同法》规定的未签订书面劳动合同第二倍工资、违法约定试用期的赔偿金、违法解除或者终止劳动合同的赔偿金等。根据《劳动争议调解仲裁法》第47条第2项的规定，因执行国家的劳动标准在工作时间、休息休假、社会保险等方面发生的争议，应当适用终局裁决。仲裁庭裁决案件时，裁决内容同时涉及终局裁决和非终局裁决的，应当分别制作裁决书，并告知当事人相应的救济权利。（参见《劳动人事争议仲裁办案规则》第50条）

仲裁裁决书未载明该裁决为终局裁决或者非终局裁决，劳动者依据《劳动争议调解仲裁法》第47条第1项规定，追索劳动报酬、工伤医疗费、经济补偿或者赔偿金，如果仲裁裁决涉及数项，每项确定的数额均不超过当地月最低工资标准12个月金额的，应当按照终局裁决处理。（参见《最高人民法院关于审理劳动争议案件适用法律问题的解释（一）》第19条）

劳动争议仲裁机构作出的同一仲裁裁决同时

包含终局裁决事项和非终局裁决事项,当事人不服该仲裁裁决向人民法院提起诉讼的,应当按照非终局裁决处理。(参见《最高人民法院关于审理劳动争议案件适用法律问题的解释(一)》第20条)

仲裁裁决涉及下列事项,对单项裁决金额不超过当地月最低工资标准12个月金额的,劳动人事争议仲裁委员会应当适用终局裁决:(1)劳动者在法定标准工作时间内提供正常劳动的工资;(2)停工留薪期工资或者病假工资;(3)用人单位未提前通知劳动者解除劳动合同的1个月工资;(4)工伤医疗费;(5)竞业限制的经济补偿;(6)解除或者终止劳动合同的经济补偿;(7)《劳动合同法》第82条规定的第二倍工资;(8)违法约定试用期的赔偿金;(9)违法解除或者终止劳动合同的赔偿金;(10)其他劳动报酬、经济补偿或者赔偿金。(参

见《人力资源社会保障部、最高人民法院关于劳动人事争议仲裁与诉讼衔接有关问题的意见（一）》第10条）

裁决事项涉及确认劳动关系的，劳动人事争议仲裁委员会就同一案件应当作出非终局裁决。（参见《人力资源社会保障部、最高人民法院关于劳动人事争议仲裁与诉讼衔接有关问题的意见（一）》第11条）

劳动人事争议仲裁委员会按照《劳动人事争议仲裁办案规则》第50条第4款规定对不涉及确认劳动关系的案件分别作出终局裁决和非终局裁决，劳动者对终局裁决向基层人民法院提起诉讼、用人单位向中级人民法院申请撤销终局裁决、劳动者或者用人单位对非终局裁决向基层人民法院提起诉讼的，有管辖权的人民法院应当依法受理。审理申请撤销终局裁决案件的中级人民法院认为该案件必须以非终局裁决案件的审理结果为依据,另案尚未审结的,可以中止诉讼。(参见《人力资源社会保障部、最高人民法院关于劳动人事争议仲裁与诉讼衔接有关问题的意见(一)》第12条)

第四十八条 【劳动者不服一裁终局案件的裁决提起诉讼的期限】劳动者对本法第四十七条规定的仲裁裁决不服的,可以自收到仲裁裁决书之日起十五日内向人民法院提起诉讼。

疑难注释

劳动争议仲裁机构仲裁的事项不属于人民法院受理的案件范围,当事人不服依法提起诉讼的,人民法院不予受理;已经受理的,裁定驳回起诉。(参见《最高人民法院关于审理劳动争议案件适用法律问题的解释(一)》第9条)

劳动争议仲裁机构作出仲裁裁决后,当事人

对裁决中的部分事项不服，依法提起诉讼的，劳动争议仲裁裁决不发生法律效力。（参见《最高人民法院关于审理劳动争议案件适用法律问题的解释（一）》第16条）

劳动争议仲裁机构对多个劳动者的劳动争议作出仲裁裁决后，部分劳动者对仲裁裁决不服，依法提起诉讼的，仲裁裁决对提起诉讼的劳动者不发生法律效力；对未提起诉讼的部分劳动者，发生法律效力，如其申请执行的，人民法院应当受理。（参见《最高人民法院关于审理劳动争议案件适用法律问题的解释（一）》第17条）

劳动者依据《劳动争议调解仲裁法》第48条规定向基层人民法院提起诉讼，用人单位依据《劳动争议调解仲裁法》第49条规定向劳动争议仲裁机构所在地的中级人民法院申请撤销仲裁裁决的，中级人民法院应当不予受理；已经受理的，应当裁定驳回申请。被人民法院驳回起诉或者劳动者撤诉的,用人单位可以自收到裁定书之日起30日内,向劳动争议仲裁机构所在地的中级人民法院申请撤销仲裁裁决。(参见《最高人民法院关于审理劳动争议案件适用法律问题的解释(一)》第21条)

用人单位对劳动者作出的开除、除名、辞退等处理,或者因其他原因解除劳动合同确有错误的,人民法院可以依法判决予以撤销。(参见《最高人民法院关于审理劳动争议案件适用法律问题的解释(一)》第53条第1款)

第四十九条 【用人单位不服一裁终局案件的裁决可诉请撤销的案件】 用人单位有证据证明本法第四十七条规定的仲裁裁决有下列情形之一,可以自收到仲裁裁决书之日起三十日内向劳动争议仲裁委员会所在地的中级人民法院申请撤销裁决:

(一)适用法律、法规确有错误的;
(二)劳动争议仲裁委员会无管辖权的;

（三）违反法定程序的；

（四）裁决所根据的证据是伪造的；

（五）对方当事人隐瞒了足以影响公正裁决的证据的；

（六）仲裁员在仲裁该案时有索贿受贿、徇私舞弊、枉法裁决行为的。

人民法院经组成合议庭审查核实裁决有前款规定情形之一的，应当裁定撤销。

仲裁裁决被人民法院裁定撤销的，当事人可以自收到裁定书之日起十五日内就该劳动争议事项向人民法院提起诉讼。

疑难注释

用人单位依据《劳动争议调解仲裁法》第49条规定向中级人民法院申请撤销仲裁裁决，中级人民法院作出的驳回申请或者撤销仲裁裁决的裁定为终审裁定。（参见《最高人民法院关于审理劳动争议案件适用法律问题的解释（一）》第22条）

中级人民法院审理用人单位申请撤销终局裁决的案件，应当组成合议庭开庭审理。经过阅卷、调查和询问当事人，对没有新的事实、证据或者理由，合议庭认为不需要开庭审理的，可以不开庭审理。中级人民法院可以组织双方当事人调解。达成调解协议的，可以制作调解书。一方当事人逾期不履行调解协议的，另一方可以申请人民法院强制执行。（参见《最高人民法院关于审理劳动争议案件适用法律问题的解释（一）》第23条）

劳动者不服终局裁决向基层人民法院提起诉讼，中级人民法院对用人单位撤销终局裁决的申请不予受理或者裁定驳回申请，用人单位主张终局裁决存在《劳动争议调解仲裁法》第49条第1款规定情形的，基层人民法院应当一并审理。（参见《人力资源社会保障部、最高人民法院关于劳动人事争议仲裁与诉讼衔接有关问题的意见（一）》第13条）

第五十条 【其他不服仲裁裁决提起诉讼的期限】当事人对本法第四十七条规定以外的其他劳动争议案件的仲裁裁决不服的,可以自收到仲裁裁决书之日起十五日内向人民法院提起诉讼;期满不起诉的,裁决书发生法律效力。

疑难注释

劳动争议仲裁机构作出的调解书已经发生法律效力,一方当事人反悔提起诉讼的,人民法院不予受理;已经受理的,裁定驳回起诉。(参见《最高人民法院关于审理劳动争议案件适用法律问题的解释(一)》第11条)

用人单位申请撤销终局裁决,当事人对部分终局裁决事项达成调解协议的,中级人民法院可以对达成调解协议的事项出具调解书;对未达成调解协议的事项进行审理,作出驳回申请或者撤销仲裁裁决的裁定。(参见《人力资源社会保障部、最高人民法院关于劳动人事争议仲裁与诉讼衔接有关问题的意见(一)》第14条)

当事人就部分裁决事项向人民法院提起诉讼的，仲裁裁决不发生法律效力。当事人提起诉讼的裁决事项属于人民法院受理的案件范围的，人民法院应当进行审理。当事人未提起诉讼的裁决事项属于人民法院受理的案件范围的，人民法院应当在判决主文中予以确认。（参见《人力资源社会保障部、最高人民法院关于劳动人事争议仲裁与诉讼衔接有关问题的意见（一）》第15条）

人民法院根据案件事实对劳动关系是否存在及相关合同效力的认定与当事人主张、劳动人事争议仲裁委员会裁决不一致的，人民法院应当将法律关系性质或者民事行为效力作为焦点问题进行审理，但法律关系性质对裁判理由及结果没有影响，或者有关问题已经当事人充分辩论的除外。当事人根据法庭审理情况变更诉讼请求的，人民法院应当准许并可以根据案件的具体情况重新指定举证期限。不存在劳动关系且当事人未变更诉讼请求的,人民法院应当判决驳回诉讼请求。(参见《人力资源社会保障部、最高人民法院关于劳动人事争议仲裁与诉讼衔接有关问题的意见(一)》第16条)

第五十一条 【生效调解书、裁决书的执行】当事人对发生法律效力的调解书、裁决书,应当依照规定的期限履行。一方当事人逾期不履行的,另一方当事人可以依照民事诉讼法的有关规定向人民法院申请执行。受理申请的人民法院应当依法执行。

疑难注释

当事人申请人民法院执行劳动争议仲裁机构作出的发生法律效力的裁决书、调解书,被申请人提出证据证明劳动争议仲裁裁决书、调解书有下列情形之一,并经审查核实的,人民法院可以根据《民事诉讼法》第 248 条规定，裁定不予执行：(1) 裁决的事项不属于劳动争议仲裁范围，或者劳动争议仲裁机构无权仲裁的；(2) 适用法律、法规确有错误的；(3) 违反法定程序的；(4) 裁决所根据的证据是伪造的；(5) 对方当事人隐瞒了足以影响公正裁决的证据的；(6) 仲裁员在仲裁该案时有索贿受贿、徇私舞弊、枉法裁决行为的；(7) 人民法院认定执行该劳动争议仲裁裁决违背社会公共利益的。人民法院在不予执行的裁定书中，应当告知当事人在收到裁定书之次日起 30 日内，可以就该劳动争议事项向人民法院提起诉讼。(参见《最高人民法院关于审理劳动争议案件适用法律问题的解释（一）》第 24 条)

劳动争议仲裁机构作出终局裁决，劳动者向人民法院申请执行，用人单位向劳动争议仲裁机构所在地的中级人民法院申请撤销的，人民法院应当裁定中止执行。用人单位撤回撤销终局裁决申请或者其申请被驳回的，人民法院应当裁定恢复执行。仲裁裁决被撤销的，人民法院应当裁定终结执行。用人单位向人民法院申请撤销仲裁裁决被驳回后，又在执行程序中以相同理由提出不予执行抗辩的，人民法院不予支持。(参见《最高人民法院关于审理劳动争议案件适用法律问题的解释（一）》第25条)

第四章 附 则

第五十二条 【人事争议处理的法律适用】事业单位实行聘用制的工作人员与本单位发生劳动争议的,依照本法执行;法律、行政法规或者国务院另有规定的,依照其规定。

疑难注释

事业单位,是指为了社会公益目的,由国家机关举办或者其他组织利用国有资产举办的,从事教育、科技、文化、卫生等活动的社会服务组织。

第五十三条 【劳动争议仲裁不收费】劳动争议仲裁不收费。劳动争议仲裁委员会的经费由财政予以保障。

疑难注释

为了维护弱势群体的合法权益,本条明确规定劳动争议仲裁免费,但实行仲裁免费后,劳动争议仲裁机构的办案和日常经费应当由财政保障。

第五十四条 【实施日期】本法自2008年5月1日起施行。

附录一　关联规定

中华人民共和国劳动法

(1994年7月5日第八届全国人民代表大会常务委员会第八次会议通过 根据2009年8月27日第十一届全国人民代表大会常务委员会第十次会议《关于修改部分法律的决定》第一次修正 根据2018年12月29日第十三届全国人民代表大会常务委员会第七次会议《关于修改〈中华人民共和国劳动法〉等七部法律的决定》第二次修正)

目 录

第一章 总 则
第二章 促进就业
第三章 劳动合同和集体合同
第四章 工作时间和休息休假
第五章 工 资
第六章 劳动安全卫生

第七章 女职工和未成年工特殊保护

第八章 职业培训

第九章 社会保险和福利

第十章 劳动争议

第十一章 监督检查

第十二章 法律责任

第十三章 附　　则

第一章 总　　则

第一条 为了保护劳动者的合法权益，调整劳动关系，建立和维护适应社会主义市场经济的劳动制度，促进经济发展和社会进步，根据宪法，制定本法。

第二条 在中华人民共和国境内的企业、个体经济组织（以下统称用人单位）和与之形成劳动关系的劳动者，适用本法。

国家机关、事业组织、社会团体和与之建立劳动合同关系的劳动者，依照本法执行。

第三条 劳动者享有平等就业和选择职业的权利、取得劳动报酬的权利、休息休假的权利、获得劳动安全卫生保护的权利、接受职业技能培训的权利、享受社会保险和福利的权利、提请劳动争议处理的权利以及法律规定的其他劳动权利。

劳动者应当完成劳动任务，提高职业技能，执行劳动安全卫生规程，遵守劳动纪律和职业道德。

第四条 用人单位应当依法建立和完善规章制度，保障劳动者享有劳动权利和履行劳动义务。

第五条 国家采取各种措施，促进劳动就业，发展职业教育，制定劳动标准，调节社会收入，完善社会保险，协调劳动关系，逐步提高劳动者的生活水平。

第六条 国家提倡劳动者参加社会义务劳动，开展劳动竞赛和合理化建议活动，鼓励和保护劳动者进行科学研究、技术革新和发明创造，表彰和奖励劳动模范和先进工作者。

第七条 劳动者有权依法参加和组织工会。

工会代表和维护劳动者的合法权益，依法独立自主地开展活动。

第八条 劳动者依照法律规定，通过职工大会、职工代表大会或者其他形式，参与民主管理或者就保护劳动者合法权益与用人单位进行平等协商。

第九条 国务院劳动行政部门主管全国劳动工作。

县级以上地方人民政府劳动行政部门主管本行政区域内的劳动工作。

第二章 促进就业

第十条 国家通过促进经济和社会发展,创造就业条件,扩大就业机会。

国家鼓励企业、事业组织、社会团体在法律、行政法规规定的范围内兴办产业或者拓展经营,增加就业。

国家支持劳动者自愿组织起来就业和从事个体经营实现就业。

第十一条 地方各级人民政府应当采取措施,发展多种类型的职业介绍机构,提供就业服务。

第十二条 劳动者就业,不因民族、种族、性别、宗教信仰不同而受歧视。

第十三条 妇女享有与男子平等的就业权利。在录用职工时,除国家规定的不适合妇女的工种或者岗位外,不得以性别为由拒绝录用妇女或者提高对妇女的录用标准。

第十四条 残疾人、少数民族人员、退出现役的军人的就业,法律、法规有特别规定的,从其规定。

第十五条　禁止用人单位招用未满十六周岁的未成年人。

文艺、体育和特种工艺单位招用未满十六周岁的未成年人，必须遵守国家有关规定，并保障其接受义务教育的权利。

第三章　劳动合同和集体合同

第十六条　劳动合同是劳动者与用人单位确立劳动关系、明确双方权利和义务的协议。

建立劳动关系应当订立劳动合同。

第十七条　订立和变更劳动合同，应当遵循平等自愿、协商一致的原则，不得违反法律、行政法规的规定。

劳动合同依法订立即具有法律约束力，当事人必须履行劳动合同规定的义务。

第十八条　下列劳动合同无效：

（一）违反法律、行政法规的劳动合同；

（二）采取欺诈、威胁等手段订立的劳动合同。

无效的劳动合同，从订立的时候起，就没有法律约束力。确认劳动合同部分无效的，如果不影响其余部分的效力，其余部分仍然有效。

劳动合同的无效，由劳动争议仲裁委员会或者人民法院确认。

第十九条 劳动合同应当以书面形式订立,并具备以下条款:

(一)劳动合同期限;

(二)工作内容;

(三)劳动保护和劳动条件;

(四)劳动报酬;

(五)劳动纪律;

(六)劳动合同终止的条件;

(七)违反劳动合同的责任。

劳动合同除前款规定的必备条款外,当事人可以协商约定其他内容。

第二十条 劳动合同的期限分为有固定期限、无固定期限和以完成一定的工作为期限。

劳动者在同一用人单位连续工作满十年以上,当事人双方同意续延劳动合同的,如果劳动者提出订立无固定期限的劳动合同,应当订立无固定期限的劳动合同。

第二十一条 劳动合同可以约定试用期。试用期最长不得超过六个月。

第二十二条 劳动合同当事人可以在劳动合同中约定保

守用人单位商业秘密的有关事项。

第二十三条 劳动合同期满或者当事人约定的劳动合同终止条件出现,劳动合同即行终止。

第二十四条 经劳动合同当事人协商一致,劳动合同可以解除。

第二十五条 劳动者有下列情形之一的,用人单位可以解除劳动合同:

(一)在试用期间被证明不符合录用条件的;

(二)严重违反劳动纪律或者用人单位规章制度的;

(三)严重失职,营私舞弊,对用人单位利益造成重大损害的;

(四)被依法追究刑事责任的。

第二十六条 有下列情形之一的,用人单位可以解除劳动合同,但是应当提前三十日以书面形式通知劳动者本人:

(一)劳动者患病或者非因工负伤,医疗期满后,不能从事原工作也不能从事由用人单位另行安排的工作的;

(二)劳动者不能胜任工作,经过培训或者调整工作岗位,仍不能胜任工作的;

(三)劳动合同订立时所依据的客观情况发生重大变化,致使原劳动合同无法履行,经当事人协商不能就变更劳动合同达成协议的。

第二十七条 用人单位濒临破产进行法定整顿期间或者生产经营状况发生严重困难，确需裁减人员的，应当提前三十日向工会或者全体职工说明情况，听取工会或者职工的意见，经向劳动行政部门报告后，可以裁减人员。

用人单位依据本条规定裁减人员，在六个月内录用人员的，应当优先录用被裁减的人员。

第二十八条 用人单位依据本法第二十四条、第二十六条、第二十七条的规定解除劳动合同的，应当依照国家有关规定给予经济补偿。

第二十九条 劳动者有下列情形之一的，用人单位不得依据本法第二十六条、第二十七条的规定解除劳动合同：

（一）患职业病或者因工负伤并被确认丧失或者部分丧失劳动能力的；

（二）患病或者负伤，在规定的医疗期内的；

（三）女职工在孕期、产期、哺乳期内的；

（四）法律、行政法规规定的其他情形。

第三十条 用人单位解除劳动合同，工会认为不适当的，有权提出意见。如果用人单位违反法律、法规或者劳动合同，工会有权要求重新处理；劳动者申请仲裁或者提起诉讼的，工会应当依法给予支持和帮助。

第三十一条 劳动者解除劳动合同,应当提前三十日以书面形式通知用人单位。

第三十二条 有下列情形之一的,劳动者可以随时通知用人单位解除劳动合同:

(一)在试用期内的;

(二)用人单位以暴力、威胁或者非法限制人身自由的手段强迫劳动的;

(三)用人单位未按照劳动合同约定支付劳动报酬或者提供劳动条件的。

第三十三条 企业职工一方与企业可以就劳动报酬、工作时间、休息休假、劳动安全卫生、保险福利等事项,签订集体合同。集体合同草案应当提交职工代表大会或者全体职工讨论通过。

集体合同由工会代表职工与企业签订;没有建立工会的企业,由职工推举的代表与企业签订。

第三十四条 集体合同签订后应当报送劳动行政部门;劳动行政部门自收到集体合同文本之日起十五日内未提出异议的,集体合同即行生效。

第三十五条 依法签订的集体合同对企业和企业全体职

工具有约束力。职工个人与企业订立的劳动合同中劳动条件和劳动报酬等标准不得低于集体合同的规定。

第四章　工作时间和休息休假

第三十六条　国家实行劳动者每日工作时间不超过八小时、平均每周工作时间不超过四十四小时的工时制度。

第三十七条　对实行计件工作的劳动者，用人单位应当根据本法第三十六条规定的工时制度合理确定其劳动定额和计件报酬标准。

第三十八条　用人单位应当保证劳动者每周至少休息一日。

第三十九条　企业因生产特点不能实行本法第三十六条、第三十八条规定的，经劳动行政部门批准，可以实行其他工作和休息办法。

第四十条　用人单位在下列节日期间应当依法安排劳动者休假：

（一）元旦；

（二）春节；

（三）国际劳动节；

（四）国庆节；

（五）法律、法规规定的其他休假节日。

第四十一条 用人单位由于生产经营需要，经与工会和劳动者协商后可以延长工作时间，一般每日不得超过一小时；因特殊原因需要延长工作时间的，在保障劳动者身体健康的条件下延长工作时间每日不得超过三小时，但是每月不得超过三十六小时。

第四十二条 有下列情形之一的，延长工作时间不受本法第四十一条规定的限制：

（一）发生自然灾害、事故或者因其他原因，威胁劳动者生命健康和财产安全，需要紧急处理的；

（二）生产设备、交通运输线路、公共设施发生故障，影响生产和公众利益，必须及时抢修的；

（三）法律、行政法规规定的其他情形。

第四十三条 用人单位不得违反本法规定延长劳动者的工作时间。

第四十四条 有下列情形之一的，用人单位应当按照下列标准支付高于劳动者正常工作时间工资的工资报酬：

（一）安排劳动者延长工作时间的，支付不低于工资的百分之一百五十的工资报酬；

（二）休息日安排劳动者工作又不能安排补休的，支付不低于工资的百分之二百的工资报酬；

（三）法定休假日安排劳动者工作的，支付不低于工资的百分之三百的工资报酬。

第四十五条 国家实行带薪年休假制度。

劳动者连续工作一年以上的，享受带薪年休假。具体办法由国务院规定。

第五章 工　　资

第四十六条 工资分配应当遵循按劳分配原则，实行同工同酬。

工资水平在经济发展的基础上逐步提高。国家对工资总量实行宏观调控。

第四十七条 用人单位根据本单位的生产经营特点和经济效益，依法自主确定本单位的工资分配方式和工资水平。

第四十八条 国家实行最低工资保障制度。最低工资的具体标准由省、自治区、直辖市人民政府规定，报国务院备案。

用人单位支付劳动者的工资不得低于当地最低工资标准。

第四十九条 确定和调整最低工资标准应当综合参考下列因素：

（一）劳动者本人及平均赡养人口的最低生活费用；

（二）社会平均工资水平；

（三）劳动生产率；

（四）就业状况；

（五）地区之间经济发展水平的差异。

第五十条 工资应当以货币形式按月支付给劳动者本人。不得克扣或者无故拖欠劳动者的工资。

第五十一条 劳动者在法定休假日和婚丧假期间以及依法参加社会活动期间，用人单位应当依法支付工资。

第六章 劳动安全卫生

第五十二条 用人单位必须建立、健全劳动安全卫生制度，严格执行国家劳动安全卫生规程和标准，对劳动者进行劳动安全卫生教育，防止劳动过程中的事故，减少职业危害。

第五十三条 劳动安全卫生设施必须符合国家规定的标准。

新建、改建、扩建工程的劳动安全卫生设施必须与主体工程同时设计、同时施工、同时投入生产和使用。

第五十四条　用人单位必须为劳动者提供符合国家规定的劳动安全卫生条件和必要的劳动防护用品，对从事有职业危害作业的劳动者应当定期进行健康检查。

第五十五条　从事特种作业的劳动者必须经过专门培训并取得特种作业资格。

第五十六条　劳动者在劳动过程中必须严格遵守安全操作规程。

劳动者对用人单位管理人员违章指挥、强令冒险作业，有权拒绝执行；对危害生命安全和身体健康的行为，有权提出批评、检举和控告。

第五十七条　国家建立伤亡事故和职业病统计报告和处理制度。县级以上各级人民政府劳动行政部门、有关部门和用人单位应当依法对劳动者在劳动过程中发生的伤亡事故和劳动者的职业病状况，进行统计、报告和处理。

第七章　女职工和未成年工特殊保护

第五十八条　国家对女职工和未成年工实行特殊劳动保护。

未成年工是指年满十六周岁未满十八周岁的劳动者。

第五十九条 禁止安排女职工从事矿山井下、国家规定的第四级体力劳动强度的劳动和其他禁忌从事的劳动。

第六十条 不得安排女职工在经期从事高处、低温、冷水作业和国家规定的第三级体力劳动强度的劳动。

第六十一条 不得安排女职工在怀孕期间从事国家规定的第三级体力劳动强度的劳动和孕期禁忌从事的劳动。对怀孕七个月以上的女职工，不得安排其延长工作时间和夜班劳动。

第六十二条 女职工生育享受不少于九十天的产假。

第六十三条 不得安排女职工在哺乳未满一周岁的婴儿期间从事国家规定的第三级体力劳动强度的劳动和哺乳期禁忌从事的其他劳动，不得安排其延长工作时间和夜班劳动。

第六十四条 不得安排未成年工从事矿山井下、有毒有害、国家规定的第四级体力劳动强度的劳动和其他禁忌从事的劳动。

第六十五条 用人单位应当对未成年工定期进行健康检查。

第八章 职业培训

第六十六条 国家通过各种途径，采取各种措施，发展职业培训事业,开发劳动者的职业技能,提高劳动者素质,增强劳动者的就业能力和工作能力。

第六十七条 各级人民政府应当把发展职业培训纳入社会经济发展的规划,鼓励和支持有条件的企业、事业组织、社会团体和个人进行各种形式的职业培训。

第六十八条 用人单位应当建立职业培训制度,按照国家规定提取和使用职业培训经费,根据本单位实际,有计划地对劳动者进行职业培训。

从事技术工种的劳动者,上岗前必须经过培训。

第六十九条 国家确定职业分类,对规定的职业制定职业技能标准,实行职业资格证书制度,由经备案的考核鉴定机构负责对劳动者实施职业技能考核鉴定。

第九章 社会保险和福利

第七十条 国家发展社会保险事业,建立社会保险制度,设立社会保险基金,使劳动者在年老、患病、工伤、失业、生育等情况下获得帮助和补偿。

第七十一条 社会保险水平应当与社会经济发展水平和社会承受能力相适应。

第七十二条 社会保险基金按照保险类型确定资金来源，逐步实行社会统筹。用人单位和劳动者必须依法参加社会保险，缴纳社会保险费。

第七十三条 劳动者在下列情形下，依法享受社会保险待遇：

（一）退休；

（二）患病、负伤；

（三）因工伤残或者患职业病；

（四）失业；

（五）生育。

劳动者死亡后，其遗属依法享受遗属津贴。

劳动者享受社会保险待遇的条件和标准由法律、法规规定。

劳动者享受的社会保险金必须按时足额支付。

第七十四条 社会保险基金经办机构依照法律规定收支、管理和运营社会保险基金，并负有使社会保险基金保值增值的责任。

社会保险基金监督机构依照法律规定，对社会保险基金的收支、管理和运营实施监督。

社会保险基金经办机构和社会保险基金监督机构的设立

和职能由法律规定。

任何组织和个人不得挪用社会保险基金。

第七十五条 国家鼓励用人单位根据本单位实际情况为劳动者建立补充保险。

国家提倡劳动者个人进行储蓄性保险。

第七十六条 国家发展社会福利事业,兴建公共福利设施,为劳动者休息、休养和疗养提供条件。

用人单位应当创造条件,改善集体福利,提高劳动者的福利待遇。

第十章 劳动争议

第七十七条 用人单位与劳动者发生劳动争议,当事人可以依法申请调解、仲裁、提起诉讼,也可以协商解决。

调解原则适用于仲裁和诉讼程序。

第七十八条 解决劳动争议,应当根据合法、公正、及时处理的原则,依法维护劳动争议当事人的合法权益。

第七十九条 劳动争议发生后,当事人可以向本单位劳动争议调解委员会申请调解;调解不成,当事人一方要求仲裁的,可以向劳动争议仲裁委员会申请仲裁。当事人一方也可以直接向劳动争议仲裁委员会申请仲裁。对仲裁裁决不服的,可以向人民法院提起诉讼。

第八十条 在用人单位内,可以设立劳动争议调解委员会。劳动争议调解委员会由职工代表、用人单位代表和工会代表组成。劳动争议调解委员会主任由工会代表担任。

劳动争议经调解达成协议的,当事人应当履行。

第八十一条 劳动争议仲裁委员会由劳动行政部门代表、同级工会代表、用人单位方面的代表组成。劳动争议仲裁委员会主任由劳动行政部门代表担任。

第八十二条 提出仲裁要求的一方应当自劳动争议发生之日起六十日内向劳动争议仲裁委员会提出书面申请。仲裁裁决一般应在收到仲裁申请的六十日内作出。对仲裁裁决无异议的,当事人必须履行。

第八十三条 劳动争议当事人对仲裁裁决不服的,可以自收到仲裁裁决书之日起十五日内向人民法院提起诉讼。一方当事人在法定期限内不起诉又不履行仲裁裁决的,另一方当事人可以申请人民法院强制执行。

第八十四条 因签订集体合同发生争议,当事人协商解决不成的,当地人民政府劳动行政部门可以组织有关各方协同处理。

因履行集体合同发生争议，当事人协商解决不成的，可以向劳动争议仲裁委员会申请仲裁；对仲裁裁决不服的，可以自收到仲裁裁决书之日起十五日内向人民法院提起诉讼。

第十一章　监督检查

第八十五条　县级以上各级人民政府劳动行政部门依法对用人单位遵守劳动法律、法规的情况进行监督检查，对违反劳动法律、法规的行为有权制止，并责令改正。

第八十六条　县级以上各级人民政府劳动行政部门监督检查人员执行公务，有权进入用人单位了解执行劳动法律、法规的情况，查阅必要的资料，并对劳动场所进行检查。

县级以上各级人民政府劳动行政部门监督检查人员执行公务，必须出示证件，秉公执法并遵守有关规定。

第八十七条　县级以上各级人民政府有关部门在各自职责范围内，对用人单位遵守劳动法律、法规的情况进行监督。

第八十八条　各级工会依法维护劳动者的合法权益，对用人单位遵守劳动法律、法规的情况进行监督。

任何组织和个人对于违反劳动法律、法规的行为有权检举和控告。

第十二章　法　律　责　任

第八十九条　用人单位制定的劳动规章制度违反法律、法规规定的，由劳动行政部门给予警告，责令改正；对劳动者造成损害的，应当承担赔偿责任。

第九十条　用人单位违反本法规定，延长劳动者工作时间的，由劳动行政部门给予警告，责令改正，并可以处以罚款。

第九十一条　用人单位有下列侵害劳动者合法权益情形之一的，由劳动行政部门责令支付劳动者的工资报酬、经济补偿，并可以责令支付赔偿金：

（一）克扣或者无故拖欠劳动者工资的；

（二）拒不支付劳动者延长工作时间工资报酬的；

（三）低于当地最低工资标准支付劳动者工资的；

（四）解除劳动合同后，未依照本法规定给予劳动者经济补偿的。

第九十二条　用人单位的劳动安全设施和劳动卫生条件不符合国家规定或者未向劳动者提供必要的劳动防护用品和劳动保护设施的，由劳动行政部门或者有关部门责令改正，可以处以罚款；情节严重的，提请县级以上人民政府决定责令停产整顿；对事故隐患不采取措施，致使发生重大事故，造成劳动者生命和财产损失的，对责任人员依照刑法有关规定追究刑事责任。

第九十三条 用人单位强令劳动者违章冒险作业，发生重大伤亡事故，造成严重后果的，对责任人员依法追究刑事责任。

第九十四条 用人单位非法招用未满十六周岁的未成年人的，由劳动行政部门责令改正，处以罚款；情节严重的，由市场监督管理部门吊销营业执照。

第九十五条 用人单位违反本法对女职工和未成年工的保护规定，侵害其合法权益的，由劳动行政部门责令改正，处以罚款；对女职工或者未成年工造成损害的，应当承担赔偿责任。

第九十六条 用人单位有下列行为之一，由公安机关对责任人员处以十五日以下拘留、罚款或者警告；构成犯罪的，对责任人员依法追究刑事责任：

（一）以暴力、威胁或者非法限制人身自由的手段强迫劳动的；

（二）侮辱、体罚、殴打、非法搜查和拘禁劳动者的。

第九十七条 由于用人单位的原因订立的无效合同,对劳动者造成损害的,应当承担赔偿责任。

第九十八条 用人单位违反本法规定的条件解除劳动合同或者故意拖延不订立劳动合同的,由劳动行政部门责令改正;对劳动者造成损害的,应当承担赔偿责任。

第九十九条 用人单位招用尚未解除劳动合同的劳动者,对原用人单位造成经济损失的,该用人单位应当依法承担连带赔偿责任。

第一百条 用人单位无故不缴纳社会保险费的,由劳动行政部门责令其限期缴纳;逾期不缴的,可以加收滞纳金。

第一百零一条 用人单位无理阻挠劳动行政部门、有关部门及其工作人员行使监督检查权,打击报复举报人员的,由劳动行政部门或者有关部门处以罚款;构成犯罪的,对责任人员依法追究刑事责任。

第一百零二条 劳动者违反本法规定的条件解除劳动合同或者违反劳动合同中约定的保密事项,对用人单位造成经济损失的,应当依法承担赔偿责任。

第一百零三条 劳动行政部门或者有关部门的工作人员滥用职权、玩忽职守、徇私舞弊,构成犯罪的,依法追究刑事责任;不构成犯罪的,给予行政处分。

第一百零四条 国家工作人员和社会保险基金经办机构的工作人员挪用社会保险基金,构成犯罪的,依法追究刑事责任。

第一百零五条 违反本法规定侵害劳动者合法权益,其他法律、行政法规已规定处罚的,依照该法律、行政法规的规定处罚。

第十三章 附 则

第一百零六条 省、自治区、直辖市人民政府根据本法和本地区的实际情况,规定劳动合同制度的实施步骤,报国务院备案。

第一百零七条 本法自 1995 年 1 月 1 日起施行。

中华人民共和国劳动合同法

(2007年6月29日第十届全国人民代表大会常务委员会第二十八次会议通过 根据2012年12月28日第十一届全国人民代表大会常务委员会第三十次会议《关于修改〈中华人民共和国劳动合同法〉的决定》修正)

目 录

第一章 总 则
第二章 劳动合同的订立
第三章 劳动合同的履行和变更
第四章 劳动合同的解除和终止
第五章 特别规定
　第一节 集体合同
　第二节 劳务派遣
　第三节 非全日制用工
第六章 监督检查

第七章　法律责任

第八章　附　　则

第一章　总　　则

第一条　为了完善劳动合同制度,明确劳动合同双方当事人的权利和义务,保护劳动者的合法权益,构建和发展和谐稳定的劳动关系,制定本法。

第二条　中华人民共和国境内的企业、个体经济组织、民办非企业单位等组织(以下称用人单位)与劳动者建立劳动关系,订立、履行、变更、解除或者终止劳动合同,适用本法。

国家机关、事业单位、社会团体和与其建立劳动关系的劳动者,订立、履行、变更、解除或者终止劳动合同,依照本法执行。

第三条　订立劳动合同,应当遵循合法、公平、平等自愿、协商一致、诚实信用的原则。

依法订立的劳动合同具有约束力,用人单位与劳动者应当履行劳动合同约定的义务。

第四条　用人单位应当依法建立和完善劳动规章制度

保障劳动者享有劳动权利、履行劳动义务。

用人单位在制定、修改或者决定有关劳动报酬、工作时间、休息休假、劳动安全卫生、保险福利、职工培训、劳动纪律以及劳动定额管理等直接涉及劳动者切身利益的规章制度或者重大事项时,应当经职工代表大会或者全体职工讨论,提出方案和意见,与工会或者职工代表平等协商确定。

在规章制度和重大事项决定实施过程中,工会或者职工认为不适当的,有权向用人单位提出,通过协商予以修改完善。

用人单位应当将直接涉及劳动者切身利益的规章制度和重大事项决定公示,或者告知劳动者。

第五条 县级以上人民政府劳动行政部门会同工会和企业方面代表,建立健全协调劳动关系三方机制,共同研究解决有关劳动关系的重大问题。

第六条 工会应当帮助、指导劳动者与用人单位依法订立和履行劳动合同,并与用人单位建立集体协商机制,维护劳动者的合法权益。

第二章 劳动合同的订立

第七条 用人单位自用工之日起即与劳动者建立劳动关

系。用人单位应当建立职工名册备查。

第八条 用人单位招用劳动者时,应当如实告知劳动者工作内容、工作条件、工作地点、职业危害、安全生产状况、劳动报酬,以及劳动者要求了解的其他情况;用人单位有权了解劳动者与劳动合同直接相关的基本情况,劳动者应当如实说明。

第九条 用人单位招用劳动者,不得扣押劳动者的居民身份证和其他证件,不得要求劳动者提供担保或者以其他名义向劳动者收取财物。

第十条 建立劳动关系,应当订立书面劳动合同。

已建立劳动关系,未同时订立书面劳动合同的,应当自用工之日起一个月内订立书面劳动合同。

用人单位与劳动者在用工前订立劳动合同的,劳动关系自用工之日起建立。

第十一条 用人单位未在用工的同时订立书面劳动合同,与劳动者约定的劳动报酬不明确的,新招用的劳动者的劳动报酬按照集体合同规定的标准执行;没有集体合同或者集体合同未规定的,实行同工同酬。

第十二条 劳动合同分为固定期限劳动合同、无固定期限劳动合同和以完成一定工作任务为期限的劳动合同。

第十三条 固定期限劳动合同,是指用人单位与劳动者约定合同终止时间的劳动合同。

用人单位与劳动者协商一致,可以订立固定期限劳动合同。

第十四条 无固定期限劳动合同,是指用人单位与劳动者约定无确定终止时间的劳动合同。

用人单位与劳动者协商一致,可以订立无固定期限劳动合同。有下列情形之一,劳动者提出或者同意续订、订立劳动合同的,除劳动者提出订立固定期限劳动合同外,应当订立无固定期限劳动合同:

(一)劳动者在该用人单位连续工作满十年的;

(二)用人单位初次实行劳动合同制度或者国有企业改制重新订立劳动合同时,劳动者在该用人单位连续工作满十年且距法定退休年龄不足十年的;

(三)连续订立二次固定期限劳动合同,且劳动者没有本法第三十九条和第四十条第一项、第二项规定的情形,续订劳动合同的。

用人单位自用工之日起满一年不与劳动者订立书面劳动合同的,视为用人单位与劳动者已订立无固定期限劳动合同。

第十五条 以完成一定工作任务为期限的劳动合同,是指用人单位与劳动者约定以某项工作的完成为合同期限的劳动合同。

用人单位与劳动者协商一致,可以订立以完成一定工作任务为期限的劳动合同。

第十六条 劳动合同由用人单位与劳动者协商一致,并经用人单位与劳动者在劳动合同文本上签字或者盖章生效。

劳动合同文本由用人单位和劳动者各执一份。

第十七条 劳动合同应当具备以下条款:

(一)用人单位的名称、住所和法定代表人或者主要负责人;

(二)劳动者的姓名、住址和居民身份证或者其他有效身份证件号码;

(三)劳动合同期限;

(四)工作内容和工作地点;

(五)工作时间和休息休假;

(六)劳动报酬;

(七)社会保险;

(八)劳动保护、劳动条件和职业危害防护;

(九)法律、法规规定应当纳入劳动合同的其他事项。

劳动合同除前款规定的必备条款外,用人单位与劳动者可以约定试用期、培训、保守秘密、补充保险和福利待遇等其他事项。

第十八条 劳动合同对劳动报酬和劳动条件等标准约定不明确，引发争议的，用人单位与劳动者可以重新协商，协商不成的，适用集体合同规定；没有集体合同或者集体合同未规定劳动报酬的，实行同工同酬；没有集体合同或者集体合同未规定劳动条件等标准的，适用国家有关规定。

第十九条 劳动合同期限三个月以上不满一年的，试用期不得超过一个月；劳动合同期限一年以上不满三年的，试用期不得超过二个月；三年以上固定期限和无固定期限的劳动合同，试用期不得超过六个月。

同一用人单位与同一劳动者只能约定一次试用期。

以完成一定工作任务为期限的劳动合同或者劳动合同期限不满三个月的，不得约定试用期。

试用期包含在劳动合同期限内。劳动合同仅约定试用期的，试用期不成立，该期限为劳动合同期限。

第二十条 劳动者在试用期的工资不得低于本单位相同岗位最低档工资或者劳动合同约定工资的百分之八十，并不得低于用人单位所在地的最低工资标准。

第二十一条 在试用期中，除劳动者有本法第三十九条和第四十条第一项、第二项规定的情形外，用人单位不得解除劳动合同。用人单位在试用期解除劳动合同的，应当向劳动者说明理由。

第二十二条　用人单位为劳动者提供专项培训费用，对其进行专业技术培训的，可以与该劳动者订立协议，约定服务期。

劳动者违反服务期约定的，应当按照约定向用人单位支付违约金。违约金的数额不得超过用人单位提供的培训费用。用人单位要求劳动者支付的违约金不得超过服务期尚未履行部分所应分摊的培训费用。

用人单位与劳动者约定服务期的，不影响按照正常的工资调整机制提高劳动者在服务期期间的劳动报酬。

第二十三条　用人单位与劳动者可以在劳动合同中约定保守用人单位的商业秘密和与知识产权相关的保密事项。

对负有保密义务的劳动者，用人单位可以在劳动合同或者保密协议中与劳动者约定竞业限制条款，并约定在解除或者终止劳动合同后，在竞业限制期限内按月给予劳动者经济补偿。劳动者违反竞业限制约定的，应当按照约定向用人单位支付违约金。

第二十四条　竞业限制的人员限于用人单位的高级管

人员、高级技术人员和其他负有保密义务的人员。竞业限制的范围、地域、期限由用人单位与劳动者约定,竞业限制的约定不得违反法律、法规的规定。

在解除或者终止劳动合同后,前款规定的人员到与本单位生产或者经营同类产品、从事同类业务的有竞争关系的其他用人单位,或者自己开业生产或者经营同类产品、从事同类业务的竞业限制期限,不得超过二年。

第二十五条 除本法第二十二条和第二十三条规定的情形外,用人单位不得与劳动者约定由劳动者承担违约金。

第二十六条 下列劳动合同无效或者部分无效:

(一)以欺诈、胁迫的手段或者乘人之危,使对方在违背真实意思的情况下订立或者变更劳动合同的;

(二)用人单位免除自己的法定责任、排除劳动者权利的;

(三)违反法律、行政法规强制性规定的。

对劳动合同的无效或者部分无效有争议的,由劳动争议仲裁机构或者人民法院确认。

第二十七条 劳动合同部分无效,不影响其他部分效力的,其他部分仍然有效。

第二十八条 劳动合同被确认无效,劳动者已付出劳动的，用人单位应当向劳动者支付劳动报酬。劳动报酬的数额，参照本单位相同或者相近岗位劳动者的劳动报酬确定。

第三章　劳动合同的履行和变更

第二十九条　用人单位与劳动者应当按照劳动合同的约定，全面履行各自的义务。

第三十条　用人单位应当按照劳动合同约定和国家规定向劳动者及时足额支付劳动报酬。

用人单位拖欠或者未足额支付劳动报酬的，劳动者可以依法向当地人民法院申请支付令，人民法院应当依法发出支付令。

第三十一条　用人单位应当严格执行劳动定额标准，不得强迫或者变相强迫劳动者加班。用人单位安排加班的，应当按照国家有关规定向劳动者支付加班费。

第三十二条　劳动者拒绝用人单位管理人员违章指挥、强令冒险作业的，不视为违反劳动合同。

劳动者对危害生命安全和身体健康的劳动条件，有权对用人单位提出批评、检举和控告。

第三十三条　用人单位变更名称、法定代表人、主要责人或者投资人等事项,不影响劳动合同的履行。

第三十四条　用人单位发生合并或者分立等情况,原劳动合同继续有效,劳动合同由承继其权利和义务的用人单位继续履行。

第三十五条　用人单位与劳动者协商一致,可以变更劳动合同约定的内容。变更劳动合同,应当采用书面形式。

变更后的劳动合同文本由用人单位和劳动者各执一份。

第四章　劳动合同的解除和终止

第三十六条　用人单位与劳动者协商一致,可以解除劳动合同。

第三十七条　劳动者提前三十日以书面形式通知用人单位,可以解除劳动合同。劳动者在试用期内提前三日通知用人单位,可以解除劳动合同。

第三十八条　用人单位有下列情形之一的,劳动者可以解除劳动合同:

(一) 未按照劳动合同约定提供劳动保护或者劳动条件的;

(二) 未及时足额支付劳动报酬的;

（三）未依法为劳动者缴纳社会保险费的；

（四）用人单位的规章制度违反法律、法规的规定，损害劳动者权益的；

（五）因本法第二十六条第一款规定的情形致使劳动合同无效的；

（六）法律、行政法规规定劳动者可以解除劳动合同的其他情形。

用人单位以暴力、威胁或者非法限制人身自由的手段强迫劳动者劳动的，或者用人单位违章指挥、强令冒险作业危及劳动者人身安全的，劳动者可以立即解除劳动合同，不需事先告知用人单位。

第三十九条 劳动者有下列情形之一的，用人单位可以解除劳动合同：

（一）在试用期间被证明不符合录用条件的；

（二）严重违反用人单位的规章制度的；

（三）严重失职，营私舞弊，给用人单位造成重大损害的；

（四）劳动者同时与其他用人单位建立劳动关系，对完成本单位的工作任务造成严重影响，或者经用人单位提出，不改正的；

（五）因本法第二十六条第一款第一项规定的情形致使劳动合同无效的；

（六）被依法追究刑事责任的。

第四十条 有下列情形之一的，用人单位提前三十日以书面形式通知劳动者本人或者额外支付劳动者一个月工资后，可以解除劳动合同：

（一）劳动者患病或者非因工负伤，在规定的医疗期满后不能从事原工作，也不能从事由用人单位另行安排的工作的；

（二）劳动者不能胜任工作，经过培训或者调整工作岗位，仍不能胜任工作的；

（三）劳动合同订立时所依据的客观情况发生重大变化，致使劳动合同无法履行，经用人单位与劳动者协商，未能就变更劳动合同内容达成协议的。

第四十一条 有下列情形之一，需要裁减人员二十人以上或者裁减不足二十人但占企业职工总数百分之十以上的，用人单位提前三十日向工会或者全体职工说明情况，听取工会或职工的意见后，裁减人员方案经向劳动行政部门报告，可以裁减人员：

（一）依照企业破产法规定进行重整的；

（二）生产经营发生严重困难的；

（三）企业转产、重大技术革新或者经营方式调整，经变更劳动合同后，仍需裁减人员的；

（四）其他因劳动合同订立时所依据的客观经济情况发生重大变化，致使劳动合同无法履行的。

裁减人员时，应当优先留用下列人员：

（一）与本单位订立较长期限的固定期限劳动合同的；

（二）与本单位订立无固定期限劳动合同的；

（三）家庭无其他就业人员，有需要扶养的老人或者未成年人的。

用人单位依照本条第一款规定裁减人员，在六个月内重新招用人员的，应当通知被裁减的人员，并在同等条件下优先招用被裁减的人员。

第四十二条 劳动者有下列情形之一的，用人单位不得依照本法第四十条、第四十一条的规定解除劳动合同：

（一）从事接触职业病危害作业的劳动者未进行离岗前职业健康检查，或者疑似职业病病人在诊断或者医学观察期间的；

（二）在本单位患职业病或者因工负伤并被确认丧失或者部分丧失劳动能力的；

（三）患病或者非因工负伤，在规定的医疗期内的；

（四）女职工在孕期、产期、哺乳期的；

（五）在本单位连续工作满十五年，且距法定退休年龄不足五年的；

（六）法律、行政法规规定的其他情形。

第四十三条　用人单位单方解除劳动合同，应当事先将理由通知工会。用人单位违反法律、行政法规规定或者劳动合同约定的，工会有权要求用人单位纠正。用人单位应当研究工会的意见，并将处理结果书面通知工会。

第四十四条　有下列情形之一的，劳动合同终止：

（一）劳动合同期满的；

（二）劳动者开始依法享受基本养老保险待遇的；

（三）劳动者死亡，或者被人民法院宣告死亡或者宣告失踪的；

（四）用人单位被依法宣告破产的；

（五）用人单位被吊销营业执照、责令关闭、撤销或者用人单位决定提前解散的；

（六）法律、行政法规规定的其他情形。

第四十五条　劳动合同期满，有本法第四十二条规定情形之一的，劳动合同应当续延至相应的情形消失时终止。但本法第四十二条第二项规定丧失或者部分丧失劳动能力劳动者的劳动合同的终止,按照国家有关工伤保险的规定执行。

第四十六条 有下列情形之一的,用人单位应当向劳动者支付经济补偿:

(一)劳动者依照本法第三十八条规定解除劳动合同的;

(二)用人单位依照本法第三十六条规定向劳动者提出解除劳动合同并与劳动者协商一致解除劳动合同的;

(三)用人单位依照本法第四十条规定解除劳动合同的;

(四)用人单位依照本法第四十一条第一款规定解除劳动合同的;

(五)除用人单位维持或者提高劳动合同约定条件续订劳动合同,劳动者不同意续订的情形外,依照本法第四十四条第一项规定终止固定期限劳动合同的;

(六)依照本法第四十四条第四项、第五项规定终止劳动合同的;

(七)法律、行政法规规定的其他情形。

第四十七条 经济补偿按劳动者在本单位工作的年限,每满一年支付一个月工资的标准向劳动者支付。六个月以上不满一年的,按一年计算;不满六个月的,向劳动者支付半个月工资的经济补偿。

劳动者月工资高于用人单位所在直辖市、设区的市级人民政府公布的本地区上年度职工月平均工资三倍的，向其支付经济补偿的标准按职工月平均工资三倍的数额支付，向其支付经济补偿的年限最高不超过十二年。

本条所称月工资是指劳动者在劳动合同解除或者终止前十二个月的平均工资。

第四十八条 用人单位违反本法规定解除或者终止劳动合同，劳动者要求继续履行劳动合同的，用人单位应当继续履行；劳动者不要求继续履行劳动合同或者劳动合同已经不能继续履行的，用人单位应当依照本法第八十七条规定支付赔偿金。

第四十九条 国家采取措施，建立健全劳动者社会保险关系跨地区转移接续制度。

第五十条 用人单位应当在解除或者终止劳动合同时出具解除或者终止劳动合同的证明，并在十五日内为劳动者办理档案和社会保险关系转移手续。

劳动者应当按照双方约定，办理工作交接。用人单位依本法有关规定应当向劳动者支付经济补偿的，在办结工作交接时支付。

用人单位对已经解除或者终止的劳动合同的文本，至少保存二年备查。

第五章 特别规定

第一节 集体合同

第五十一条 企业职工一方与用人单位通过平等协商可以就劳动报酬、工作时间、休息休假、劳动安全卫生、保险福利等事项订立集体合同。集体合同草案应当提交职工代表大会或者全体职工讨论通过。

集体合同由工会代表企业职工一方与用人单位订立；尚未建立工会的用人单位，由上级工会指导劳动者推举的代表与用人单位订立。

第五十二条 企业职工一方与用人单位可以订立劳动安全卫生、女职工权益保护、工资调整机制等专项集体合同。

第五十三条 在县级以下区域内，建筑业、采矿业、餐饮服务业等行业可以由工会与企业方面代表订立行业性集体合同，或者订立区域性集体合同。

第五十四条 集体合同订立后，应当报送劳动行政部门；劳动行政部门自收到集体合同文本之日起十五日内未提出议的，集体合同即行生效。

依法订立的集体合同对用人单位和劳动者具有约束力。行业性、区域性集体合同对当地本行业、本区域的用人单位和劳动者具有约束力。

第五十五条 集体合同中劳动报酬和劳动条件等标准不得低于当地人民政府规定的最低标准；用人单位与劳动者订立的劳动合同中劳动报酬和劳动条件等标准不得低于集体合同规定的标准。

第五十六条 用人单位违反集体合同，侵犯职工劳动权益的，工会可以依法要求用人单位承担责任；因履行集体合同发生争议，经协商解决不成的，工会可以依法申请仲裁、提起诉讼。

第二节 劳务派遣

第五十七条 经营劳务派遣业务应当具备下列条件：

（一）注册资本不得少于人民币二百万元；

（二）有与开展业务相适应的固定的经营场所和设施；

（三）有符合法律、行政法规规定的劳务派遣管理制度；

（四）法律、行政法规规定的其他条件。

经营劳务派遣业务，应当向劳动行政部门依法申请行政许可；经许可的，依法办理相应的公司登记。未经许可，任何单位和个人不得经营劳务派遣业务。

第五十八条　劳务派遣单位是本法所称用人单位，应当履行用人单位对劳动者的义务。劳务派遣单位与被派遣劳动者订立的劳动合同，除应当载明本法第十七条规定的事项外，还应当载明被派遣劳动者的用工单位以及派遣期限、工作岗位等情况。

劳务派遣单位应当与被派遣劳动者订立二年以上的固定期限劳动合同，按月支付劳动报酬；被派遣劳动者在无工作期间，劳务派遣单位应当按照所在地人民政府规定的最低工资标准，向其按月支付报酬。

第五十九条　劳务派遣单位派遣劳动者应当与接受以劳务派遣形式用工的单位（以下称用工单位）订立劳务派遣协议。劳务派遣协议应当约定派遣岗位和人员数量、派遣期限、劳动报酬和社会保险费的数额与支付方式以及违反协议的责任。

用工单位应当根据工作岗位的实际需要与劳务派遣单位确定派遣期限，不得将连续用工期限分割订立数个短期劳务派遣协议。

第六十条　劳务派遣单位应当将劳务派遣协议的内容

知被派遣劳动者。

劳务派遣单位不得克扣用工单位按照劳务派遣协议支付给被派遣劳动者的劳动报酬。

劳务派遣单位和用工单位不得向被派遣劳动者收取费用。

第六十一条 劳务派遣单位跨地区派遣劳动者的，被派遣劳动者享有的劳动报酬和劳动条件，按照用工单位所在地的标准执行。

第六十二条 用工单位应当履行下列义务：

（一）执行国家劳动标准，提供相应的劳动条件和劳动保护；

（二）告知被派遣劳动者的工作要求和劳动报酬；

（三）支付加班费、绩效奖金，提供与工作岗位相关的福利待遇；

（四）对在岗被派遣劳动者进行工作岗位所必需的培训；

（五）连续用工的，实行正常的工资调整机制。

用工单位不得将被派遣劳动者再派遣到其他用人单位。

第六十三条 被派遣劳动者享有与用工单位的劳动者同工同酬的权利。用工单位应当按照同工同酬原则，对被派遣劳动者与本单位同类岗位的劳动者实行相同的劳动报酬分配办法。用工单位无同类岗位劳动者的，参照用工单位所在地相同或者相近岗位劳动者的劳动报酬确定。

劳务派遣单位与被派遣劳动者订立的劳动合同和与用工单位订立的劳务派遣协议，载明或者约定的向被派遣劳动者支付的劳动报酬应当符合前款规定。

第六十四条 被派遣劳动者有权在劳务派遣单位或者用工单位依法参加或者组织工会，维护自身的合法权益。

第六十五条 被派遣劳动者可以依照本法第三十六条、第三十八条的规定与劳务派遣单位解除劳动合同。

被派遣劳动者有本法第三十九条和第四十条第一项、第二项规定情形的，用工单位可以将劳动者退回劳务派遣单位，劳务派遣单位依照本法有关规定，可以与劳动者解除劳动合同。

第六十六条 劳动合同用工是我国的企业基本用工形式。劳务派遣用工是补充形式，只能在临时性、辅助性或者替代性的工作岗位上实施。

前款规定的临时性工作岗位是指存续时间不超过六个月的岗位；辅助性工作岗位是指为主营业务岗位提供服务的非主营业务岗位；替代性工作岗位是指用工单位的劳动者因产学习、休假等原因无法工作的一定期间内，可以由其他劳动者替代工作的岗位。

用工单位应当严格控制劳务派遣用工数量，不得超过其用工总量的一定比例，具体比例由国务院劳动行政部门规定。

第六十七条 用人单位不得设立劳务派遣单位向本单位或者所属单位派遣劳动者。

第三节 非全日制用工

第六十八条 非全日制用工，是指以小时计酬为主，劳动者在同一用人单位一般平均每日工作时间不超过四小时，每周工作时间累计不超过二十四小时的用工形式。

第六十九条 非全日制用工双方当事人可以订立口头协议。

从事非全日制用工的劳动者可以与一个或者一个以上用人单位订立劳动合同；但是，后订立的劳动合同不得影响先订立的劳动合同的履行。

第七十条 非全日制用工双方当事人不得约定试用期。

第七十一条 非全日制用工双方当事人任何一方都可以随时通知对方终止用工。终止用工，用人单位不向劳动者支付经济补偿。

第七十二条 非全日制用工小时计酬标准不得低于用人单位所在地人民政府规定的最低小时工资标准。

非全日制用工劳动报酬结算支付周期最长不得超过十五日。

第六章 监督检查

第七十三条 国务院劳动行政部门负责全国劳动合同制度实施的监督管理。

县级以上地方人民政府劳动行政部门负责本行政区域内劳动合同制度实施的监督管理。

县级以上各级人民政府劳动行政部门在劳动合同制度实施的监督管理工作中,应当听取工会、企业方面代表以及有关行业主管部门的意见。

第七十四条 县级以上地方人民政府劳动行政部门依法对下列实施劳动合同制度的情况进行监督检查:

(一)用人单位制定直接涉及劳动者切身利益的规章制度及其执行的情况;

(二)用人单位与劳动者订立和解除劳动合同的情况;

(三)劳务派遣单位和用工单位遵守劳务派遣有关规定的情况;

(四)用人单位遵守国家关于劳动者工作时间和休息休假

规定的情况；

（五）用人单位支付劳动合同约定的劳动报酬和执行最低工资标准的情况；

（六）用人单位参加各项社会保险和缴纳社会保险费的情况；

（七）法律、法规规定的其他劳动监察事项。

第七十五条 县级以上地方人民政府劳动行政部门实施监督检查时，有权查阅与劳动合同、集体合同有关的材料，有权对劳动场所进行实地检查，用人单位和劳动者都应当如实提供有关情况和材料。

劳动行政部门的工作人员进行监督检查，应当出示证件，依法行使职权，文明执法。

第七十六条 县级以上人民政府建设、卫生、安全生产监督管理等有关主管部门在各自职责范围内，对用人单位执行劳动合同制度的情况进行监督管理。

第七十七条 劳动者合法权益受到侵害的，有权要求有关部门依法处理，或者依法申请仲裁、提起诉讼。

第七十八条 工会依法维护劳动者的合法权益，对用人单位履行劳动合同、集体合同的情况进行监督。用人单位违反劳动法律、法规和劳动合同、集体合同的，工会有权提出意见或者要求纠正；劳动者申请仲裁、提起诉讼的，工会依法给予支持和帮助。

第七十九条 任何组织或者个人对违反本法的行为都有权举报，县级以上人民政府劳动行政部门应当及时核实、处理，并对举报有功人员给予奖励。

第七章 法律责任

第八十条 用人单位直接涉及劳动者切身利益的规章制度违反法律、法规规定的，由劳动行政部门责令改正，给予警告；给劳动者造成损害的，应当承担赔偿责任。

第八十一条 用人单位提供的劳动合同文本未载明本法规定的劳动合同必备条款或者用人单位未将劳动合同文本交付劳动者的，由劳动行政部门责令改正；给劳动者造成损害的，应当承担赔偿责任。

第八十二条 用人单位自用工之日起超过一个月不满一年未与劳动者订立书面劳动合同的，应当向劳动者每月支付二倍的工资。

用人单位违反本法规定不与劳动者订立无固定期限劳动合同的，自应当订立无固定期限劳动合同之日起向劳动者每月支付二倍的工资。

第八十三条 用人单位违反本法规定与劳动者约定试用期的，由劳动行政部门责令改正；违法约定的试用期已经履行的，由用人单位以劳动者试用期满月工资为标准，按已经履行的超过法定试用期的期间向劳动者支付赔偿金。

第八十四条 用人单位违反本法规定，扣押劳动者居民身份证等证件的，由劳动行政部门责令限期退还劳动者本人，并依照有关法律规定给予处罚。

用人单位违反本法规定，以担保或者其他名义向劳动者收取财物的，由劳动行政部门责令限期退还劳动者本人，并以每人五百元以上二千元以下的标准处以罚款；给劳动者造成损害的，应当承担赔偿责任。

劳动者依法解除或者终止劳动合同，用人单位扣押劳动者档案或者其他物品的，依照前款规定处罚。

第八十五条 用人单位有下列情形之一的，由劳动行政部门责令限期支付劳动报酬、加班费或者经济补偿；劳动报酬低于当地最低工资标准的，应当支付其差额部分；逾期不支付的，责令用人单位按应付金额百分之五十以上百分之一百以下的标准向劳动者加付赔偿金：

（一）未按照劳动合同的约定或者国家规定及时足额支付

劳动者劳动报酬的；

（二）低于当地最低工资标准支付劳动者工资的；

（三）安排加班不支付加班费的；

（四）解除或者终止劳动合同，未依照本法规定向劳动者支付经济补偿的。

第八十六条 劳动合同依照本法第二十六条规定被确认无效，给对方造成损害的，有过错的一方应当承担赔偿责任。

第八十七条 用人单位违反本法规定解除或者终止劳动合同的，应当依照本法第四十七条规定的经济补偿标准的二倍向劳动者支付赔偿金。

第八十八条 用人单位有下列情形之一的，依法给予行政处罚；构成犯罪的，依法追究刑事责任；给劳动者造成损害的，应当承担赔偿责任：

（一）以暴力、威胁或者非法限制人身自由的手段强迫劳动的；

（二）违章指挥或者强令冒险作业危及劳动者人身安全的；

（三）侮辱、体罚、殴打、非法搜查或者拘禁劳动者的；

（四）劳动条件恶劣、环境污染严重，给劳动者身心健康造成严重损害的。

第八十九条 用人单位违反本法规定未向劳动者出具解除或者终止劳动合同的书面证明,由劳动行政部门责令改正;给劳动者造成损害的,应当承担赔偿责任。

第九十条 劳动者违反本法规定解除劳动合同,或者违反劳动合同中约定的保密义务或者竞业限制,给用人单位造成损失的,应当承担赔偿责任。

第九十一条 用人单位招用与其他用人单位尚未解除或者终止劳动合同的劳动者,给其他用人单位造成损失的,应当承担连带赔偿责任。

第九十二条 违反本法规定,未经许可,擅自经营劳务派遣业务的,由劳动行政部门责令停止违法行为,没收违法所得,并处违法所得一倍以上五倍以下的罚款;没有违法所得的,可以处五万元以下的罚款。

劳务派遣单位、用工单位违反本法有关劳务派遣规定的,由劳动行政部门责令限期改正;逾期不改正的,以每人五千元以上一万元以下的标准处以罚款,对劳务派遣单位,吊销其劳务派遣业务经营许可证。用工单位给被派遣劳动者造成损害的,劳务派遣单位与用工单位承担连带赔偿责任。

第九十三条 对不具备合法经营资格的用人单位的违法犯罪行为,依法追究法律责任;劳动者已经付出劳动的,该单位或者其出资人应当依照本法有关规定向劳动者支付劳动报酬、经济补偿、赔偿金；给劳动者造成损害的，应当承担赔偿责任。

第九十四条 个人承包经营违反本法规定招用劳动者，给劳动者造成损害的，发包的组织与个人承包经营者承担连带赔偿责任。

第九十五条 劳动行政部门和其他有关主管部门及其工作人员玩忽职守、不履行法定职责，或者违法行使职权，给劳动者或者用人单位造成损害的，应当承担赔偿责任；对直接负责的主管人员和其他直接责任人员，依法给予行政处分；构成犯罪的，依法追究刑事责任。

第八章 附　　则

第九十六条 事业单位与实行聘用制的工作人员订立、履行、变更、解除或者终止劳动合同，法律、行政法规或者国务院另有规定的，依照其规定；未作规定的，依照本法有关规定执行。

第九十七条 本法施行前已依法订立且在本法施行之日存续的劳动合同，继续履行；本法第十四条第二款第三项规定连续订立固定期限劳动合同的次数,自本法施行后续订固定期限劳动合同时开始计算。

本法施行前已建立劳动关系,尚未订立书面劳动合同的,应当自本法施行之日起一个月内订立。

本法施行之日存续的劳动合同在本法施行后解除或者终止,依照本法第四十六条规定应当支付经济补偿的,经济补偿年限自本法施行之日起计算;本法施行前按照当时有关规定,用人单位应当向劳动者支付经济补偿的,按照当时有关规定执行。

第九十八条 本法自 2008 年 1 月 1 日起施行。

最高人民法院关于审理劳动争议案件适用法律问题的解释（一）

（2020年12月25日最高人民法院审判委员会第1825次会议通过　2020年12月29日最高人民法院公告公布　自2021年1月1日起施行　法释〔2020〕26号）

为正确审理劳动争议案件，根据《中华人民共和国民法典》《中华人民共和国劳动法》《中华人民共和国劳动合同法》《中华人民共和国劳动争议调解仲裁法》《中华人民共和国民事诉讼法》等相关法律规定，结合审判实践，制定本解释。

第一条　劳动者与用人单位之间发生的下列纠纷，属于劳动争议，当事人不服劳动争议仲裁机构作出的裁决，依法提起诉讼的，人民法院应予受理：

（一）劳动者与用人单位在履行劳动合同过程中发生的纠纷；

（二）劳动者与用人单位之间没有订立书面劳动合同，但已形成劳动关系后发生的纠纷；

（三）劳动者与用人单位因劳动关系是否已经解除或者终止，以及应否支付解除或者终止劳动关系经济补偿金发生的纠纷；

（四）劳动者与用人单位解除或者终止劳动关系后，请求用人单位返还其收取的劳动合同定金、保证金、抵押金、抵押物发生的纠纷，或者办理劳动者的人事档案、社会保险关系等移转手续发生的纠纷；

（五）劳动者以用人单位未为其办理社会保险手续，且社会保险经办机构不能补办导致其无法享受社会保险待遇为由，要求用人单位赔偿损失发生的纠纷；

（六）劳动者退休后，与尚未参加社会保险统筹的原用人单位因追索养老金、医疗费、工伤保险待遇和其他社会保险待遇而发生的纠纷；

（七）劳动者因为工伤、职业病，请求用人单位依法给予工伤保险待遇发生的纠纷；

（八）劳动者依据劳动合同法第八十五条规定，要求用人单位支付加付赔偿金发生的纠纷；

（九）因企业自主进行改制发生的纠纷。

第二条 下列纠纷不属于劳动争议：

（一）劳动者请求社会保险经办机构发放社会保险金的

纠纷;

（二）劳动者与用人单位因住房制度改革产生的公有住房转让纠纷;

（三）劳动者对劳动能力鉴定委员会的伤残等级鉴定结论或者对职业病诊断鉴定委员会的职业病诊断鉴定结论的异议纠纷;

（四）家庭或者个人与家政服务人员之间的纠纷;

（五）个体工匠与帮工、学徒之间的纠纷;

（六）农村承包经营户与受雇人之间的纠纷。

第三条 劳动争议案件由用人单位所在地或者劳动合同履行地的基层人民法院管辖。

劳动合同履行地不明确的，由用人单位所在地的基层人民法院管辖。

法律另有规定的，依照其规定。

第四条 劳动者与用人单位均不服劳动争议仲裁机构的同一裁决，向同一人民法院起诉的，人民法院应当并案审理，双方当事人互为原告和被告，对双方的诉讼请求，人民法院应当一并作出裁决。在诉讼过程中，一方当事人撤诉的，人民法院应当根据另一方当事人的诉讼请求继续审理。双方当事人就同一仲裁裁决分别向有管辖权的人民法院起诉的，后受理的人民法院应当将案件移送给先受理的人民法院。

第五条 劳动争议仲裁机构以无管辖权为由对劳动争议案件不予受理,当事人提起诉讼的,人民法院按照以下情形分别处理:

(一)经审查认为该劳动争议仲裁机构对案件确无管辖权的,应当告知当事人向有管辖权的劳动争议仲裁机构申请仲裁;

(二)经审查认为该劳动争议仲裁机构有管辖权的,应当告知当事人申请仲裁,并将审查意见书面通知该劳动争议仲裁机构;劳动争议仲裁机构仍不受理,当事人就该劳动争议事项提起诉讼的,人民法院应予受理。

第六条 劳动争议仲裁机构以当事人申请仲裁的事项不属于劳动争议为由,作出不予受理的书面裁决、决定或者通知,当事人不服依法提起诉讼的,人民法院应当分别情况予以处理:

(一)属于劳动争议案件的,应当受理;

(二)虽不属于劳动争议案件,但属于人民法院主管的其他案件,应当依法受理。

第七条 劳动争议仲裁机构以申请仲裁的主体不适格为由,作出不予受理的书面裁决、决定或者通知,当事人不服依法提起诉讼,经审查确属主体不适格的,人民法院不予受理;已经受理的,裁定驳回起诉。

第八条 劳动争议仲裁机构为纠正原仲裁裁决错误重新作出裁决,当事人不服依法提起诉讼的,人民法院应当受理。

第九条 劳动争议仲裁机构仲裁的事项不属于人民法院受理的案件范围,当事人不服依法提起诉讼的,人民法院不予受理;已经受理的,裁定驳回起诉。

第十条 当事人不服劳动争议仲裁机构作出的预先支付劳动者劳动报酬、工伤医疗费、经济补偿或者赔偿金的裁决,依法提起诉讼的,人民法院不予受理。

用人单位不履行上述裁决中的给付义务,劳动者依法申请强制执行的,人民法院应予受理。

第十一条 劳动争议仲裁机构作出的调解书已经发生法律效力,一方当事人反悔提起诉讼的,人民法院不予受理;已经受理的,裁定驳回起诉。

第十二条 劳动争议仲裁机构逾期未作出受理决定或仲裁裁决,当事人直接提起诉讼的,人民法院应予受理,但申请仲裁的案件存在下列事由的除外:

(一) 移送管辖的;

(二) 正在送达或者送达延误的;

(三) 等待另案诉讼结果、评残结论的;

(四) 正在等待劳动争议仲裁机构开庭的;

(五) 启动鉴定程序或者委托其他部门调查取证的;

(六) 其他正当事由。

当事人以劳动争议仲裁机构逾期未作出仲裁裁决为由提起诉讼的,应当提交该仲裁机构出具的受理通知书或者其他已接受仲裁申请的凭证、证明。

第十三条 劳动者依据劳动合同法第三十条第二款和调解仲裁法第十六条规定向人民法院申请支付令,符合民事诉讼法第十七章督促程序规定的,人民法院应予受理。

依据劳动合同法第三十条第二款规定申请支付令被人民法院裁定终结督促程序后,劳动者就劳动争议事项直接提起诉讼的,人民法院应当告知其先向劳动争议仲裁机构申请仲裁。

依据调解仲裁法第十六条规定申请支付令被人民法院裁定终结督促程序后,劳动者依据调解协议直接提起诉讼的,人民法院应予受理。

第十四条 人民法院受理劳动争议案件后,当事人增加诉讼请求的,如该诉讼请求与讼争的劳动争议具有不可分性,应当合并审理;如属独立的劳动争议,应当告知当事人向劳动争议仲裁机构申请仲裁。

第十五条　劳动者以用人单位的工资欠条为证据直接提起诉讼,诉讼请求不涉及劳动关系其他争议的,视为拖欠劳动报酬争议,人民法院按照普通民事纠纷受理。

第十六条　劳动争议仲裁机构作出仲裁裁决后,当事人对裁决中的部分事项不服,依法提起诉讼的,劳动争议仲裁裁决不发生法律效力。

第十七条　劳动争议仲裁机构对多个劳动者的劳动争议作出仲裁裁决后,部分劳动者对仲裁裁决不服,依法提起诉讼的,仲裁裁决对提起诉讼的劳动者不发生法律效力;对未提起诉讼的部分劳动者,发生法律效力,如其申请执行的,人民法院应当受理。

第十八条　仲裁裁决的类型以仲裁裁决书确定为准。仲裁裁决书未载明该裁决为终局裁决或者非终局裁决,用人单位不服该仲裁裁决向基层人民法院提起诉讼的,应当按照以下情形分别处理:

(一)经审查认为该仲裁裁决为非终局裁决的,基层人民法院应予受理;

(二)经审查认为该仲裁裁决为终局裁决的,基层人民法院不予受理,但应告知用人单位可以自收到不予受理裁定书之日起三十日内向劳动争议仲裁机构所在地的中级人民法院申请撤销该仲裁裁决；已经受理的，裁定驳回起诉。

第十九条 仲裁裁决书未载明该裁决为终局裁决或者非终局裁决，劳动者依据调解仲裁法第四十七条第一项规定，追索劳动报酬、工伤医疗费、经济补偿或者赔偿金，如果仲裁裁决涉及数项，每项确定的数额均不超过当地月最低工资标准十二个月金额的，应当按照终局裁决处理。

第二十条 劳动争议仲裁机构作出的同一仲裁裁决同时包含终局裁决事项和非终局裁决事项，当事人不服该仲裁裁决向人民法院提起诉讼的，应当按照非终局裁决处理。

第二十一条 劳动者依据调解仲裁法第四十八条规定向基层人民法院提起诉讼，用人单位依据调解仲裁法第四十九条规定向劳动争议仲裁机构所在地的中级人民法院申请撤销仲裁裁决的，中级人民法院应当不予受理；已经受理的，应裁定驳回申请。

被人民法院驳回起诉或者劳动者撤诉的，用人单位可以收到裁定书之日起三十日内，向劳动争议仲裁机构所在地中级人民法院申请撤销仲裁裁决。

第二十二条 用人单位依据调解仲裁法第四十九条规定中级人民法院申请撤销仲裁裁决，中级人民法院作出的驳回申请或者撤销仲裁裁决的裁定为终审裁定。

第二十三条 中级人民法院审理用人单位申请撤销终局裁决的案件，应当组成合议庭开庭审理。经过阅卷、调查和询问当事人，对没有新的事实、证据或者理由，合议庭认为不需要开庭审理的，可以不开庭审理。

中级人民法院可以组织双方当事人调解。达成调解协议的，可以制作调解书。一方当事人逾期不履行调解协议的，另一方可以申请人民法院强制执行。

第二十四条 当事人申请人民法院执行劳动争议仲裁机构作出的发生法律效力的裁决书、调解书，被申请人提出证据证明劳动争议仲裁裁决书、调解书有下列情形之一，并经审查核实的，人民法院可以根据民事诉讼法第二百三十七条规定，裁定不予执行：

（一）裁决的事项不属于劳动争议仲裁范围，或者劳动争议仲裁机构无权仲裁的；

（二）适用法律、法规确有错误的；

（三）违反法定程序的；

（四）裁决所根据的证据是伪造的；

（五）对方当事人隐瞒了足以影响公正裁决的证据的；

（六）仲裁员在仲裁该案时有索贿受贿、徇私舞弊、枉裁决行为的；

（七）人民法院认定执行该劳动争议仲裁裁决违背社会公共利益的。

人民法院在不予执行的裁定书中，应当告知当事人在收到裁定书之次日起三十日内，可以就该劳动争议事项向人民法院提起诉讼。

第二十五条 劳动争议仲裁机构作出终局裁决，劳动者向人民法院申请执行，用人单位向劳动争议仲裁机构所在地的中级人民法院申请撤销的，人民法院应当裁定中止执行。

用人单位撤回撤销终局裁决申请或者其申请被驳回的，人民法院应当裁定恢复执行。仲裁裁决被撤销的，人民法院应当裁定终结执行。

用人单位向人民法院申请撤销仲裁裁决被驳回后，又在执行程序中以相同理由提出不予执行抗辩的，人民法院不予支持。

第二十六条 用人单位与其他单位合并的，合并前发生劳动争议，由合并后的单位为当事人；用人单位分立为若干单位的，其分立前发生的劳动争议，由分立后的实际用人单位为当事人。

用人单位分立为若干单位后，具体承受劳动权利义务的单位不明确的，分立后的单位均为当事人。

第二十七条 用人单位招用尚未解除劳动合同的劳动者，原用人单位与劳动者发生的劳动争议，可以列新的用人单位为第三人。

原用人单位以新的用人单位侵权为由提起诉讼的，可以列劳动者为第三人。

原用人单位以新的用人单位和劳动者共同侵权为由提起诉讼的，新的用人单位和劳动者列为共同被告。

第二十八条 劳动者在用人单位与其他平等主体之间承包经营期间，与发包方和承包方双方或者一方发生劳动争议，依法提起诉讼的，应当将承包方和发包方作为当事人。

第二十九条 劳动者与未办理营业执照、营业执照被吊销或者营业期限届满仍继续经营的用人单位发生争议的，应当将用人单位或者其出资人列为当事人。

第三十条 未办理营业执照、营业执照被吊销或者营业期限届满仍继续经营的用人单位，以挂靠等方式借用他人营业执照经营的，应当将用人单位和营业执照出借方列为当事人。

第三十一条 当事人不服劳动争议仲裁机构作出的仲裁裁决，依法提起诉讼，人民法院审查认为仲裁裁决遗漏了领共同参加仲裁的当事人的,应当依法追加遗漏的人为诉讼当事人。

被追加的当事人应当承担责任的,人民法院应当一并处理。

第三十二条 用人单位与其招用的已经依法享受养老保险待遇或者领取退休金的人员发生用工争议而提起诉讼的,人民法院应当按劳务关系处理。①

企业停薪留职人员、未达到法定退休年龄的内退人员、下岗待岗人员以及企业经营性停产放长假人员,因与新的用人单位发生用工争议而提起诉讼的,人民法院应当按劳动关系处理。

第三十三条 外国人、无国籍人未依法取得就业证件即与中华人民共和国境内的用人单位签订劳动合同,当事人请求确认与用人单位存在劳动关系的,人民法院不予支持。

持有《外国专家证》并取得《外国人来华工作许可证》的外国人,与中华人民共和国境内的用人单位建立用工关系的,可以认定为劳动关系。

第三十四条 劳动合同期满后,劳动者仍在原用人单位

---

① 根据《最高人民法院关于审理劳动争议案件适用法律问题的解释(二)》,本款自 2025 年 9 月 1 日起废止。

工作，原用人单位未表示异议的，视为双方同意以原条件继续履行劳动合同。一方提出终止劳动关系的，人民法院应予支持。

根据劳动合同法第十四条规定，用人单位应当与劳动者签订无固定期限劳动合同而未签订的，人民法院可以视为双方之间存在无固定期限劳动合同关系，并以原劳动合同确定双方的权利义务关系。

第三十五条　劳动者与用人单位就解除或者终止劳动合同办理相关手续、支付工资报酬、加班费、经济补偿或者赔偿金等达成的协议，不违反法律、行政法规的强制性规定且不存在欺诈、胁迫或者乘人之危情形的，应当认定有效。

前款协议存在重大误解或者显失公平情形，当事人请求撤销的，人民法院应予支持。

第三十六条　当事人在劳动合同或者保密协议中约定了竞业限制，但未约定解除或者终止劳动合同后给予劳动者经济补偿，劳动者履行了竞业限制义务，要求用人单位按照劳动者在劳动合同解除或者终止前十二个月平均工资的30%按月支付经济补偿的，人民法院应予支持。

前款规定的月平均工资的30%低于劳动合同履行地最低工资标准的，按照劳动合同履行地最低工资标准支付。

第三十七条 当事人在劳动合同或者保密协议中约定了竞业限制和经济补偿,当事人解除劳动合同时,除另有约定外,用人单位要求劳动者履行竞业限制义务,或者劳动者履行了竞业限制义务后要用人单位支付经济补偿的,人民法院应予支持。

第三十八条 当事人在劳动合同或者保密协议中约定了竞业限制和经济补偿,劳动合同解除或者终止后,因用人单位的原因导致三个月未支付经济补偿,劳动者请求解除竞业限制约定的,人民法院应予支持。

第三十九条 在竞业限制期限内,用人单位请求解除竞业限制协议的,人民法院应予支持。

在解除竞业限制协议时,劳动者请求用人单位额外支付劳动者三个月的竞业限制经济补偿的,人民法院应予支持。

第四十条 劳动者违反竞业限制约定,向用人单位支付违约金后,用人单位要求劳动者按照约定继续履行竞业限制义务的,人民法院应予支持。

第四十一条 劳动合同被确认为无效,劳动者已付出劳动的,用人单位应当按照劳动合同法第二十八条、第四十六条、第四十七条的规定向劳动者支付劳动报酬和经济补偿。

由于用人单位原因订立无效劳动合同,给劳动者造成损害的,用人单位应当赔偿劳动者因合同无效所造成的经济损失。

第四十二条 劳动者主张加班费的,应当就加班事实的存在承担举证责任。但劳动者有证据证明用人单位掌握加班事实存在的证据,用人单位不提供的,由用人单位承担不利后果。

第四十三条 用人单位与劳动者协商一致变更劳动合同,虽未采用书面形式,但已经实际履行了口头变更的劳动合同超过一个月,变更后的劳动合同内容不违反法律、行政法规且不违背公序良俗,当事人以未采用书面形式为由主张劳动合同变更无效的,人民法院不予支持。

第四十四条 因用人单位作出的开除、除名、辞退、解除劳动合同、减少劳动报酬、计算劳动者工作年限等决定而发生的劳动争议,用人单位负举证责任。

第四十五条 用人单位有下列情形之一,迫使劳动者提出解除劳动合同的,用人单位应当支付劳动者的劳动报酬和经济补偿,并可支付赔偿金:

(一)以暴力、威胁或者非法限制人身自由的手段强迫劳动的;

(二)未按照劳动合同约定支付劳动报酬或者提供劳动

件的;

(三) 克扣或者无故拖欠劳动者工资的;

(四) 拒不支付劳动者延长工作时间工资报酬的;

(五) 低于当地最低工资标准支付劳动者工资的。

第四十六条 劳动者非因本人原因从原用人单位被安排到新用人单位工作,原用人单位未支付经济补偿,劳动者依据劳动合同法第三十八条规定与新用人单位解除劳动合同,或者新用人单位向劳动者提出解除、终止劳动合同,在计算支付经济补偿或赔偿金的工作年限时,劳动者请求把在原用人单位的工作年限合并计算为新用人单位工作年限的,人民法院应予支持。

用人单位符合下列情形之一的,应当认定属于"劳动者非因本人原因从原用人单位被安排到新用人单位工作":

(一) 劳动者仍在原工作场所、工作岗位工作,劳动合同主体由原用人单位变更为新用人单位;

(二) 用人单位以组织委派或任命形式对劳动者进行工作调动;

(三) 因用人单位合并、分立等原因导致劳动者工作调动;

(四) 用人单位及其关联企业与劳动者轮流订立劳动合同;

(五) 其他合理情形。

第四十七条 建立了工会组织的用人单位解除劳动合同符合劳动合同法第三十九条、第四十条规定,但未按照劳动合同法第四十三条规定事先通知工会,劳动者以用人单位违法解除劳动合同为由请求用人单位支付赔偿金的,人民法院应予支持,但起诉前用人单位已经补正有关程序的除外。

第四十八条 劳动合同法施行后,因用人单位经营期限届满不再继续经营导致劳动合同不能继续履行,劳动者请求用人单位支付经济补偿的,人民法院应予支持。

第四十九条 在诉讼过程中,劳动者向人民法院申请采取财产保全措施,人民法院经审查认为申请人经济确有困难或者有证据证明用人单位存在欠薪逃匿可能的,应当减轻或者免除劳动者提供担保的义务,及时采取保全措施。

人民法院作出的财产保全裁定中,应当告知当事人在劳动争议仲裁机构的裁决书或者在人民法院的裁判文书生效后三个月内申请强制执行。逾期不申请的,人民法院应当裁定解除保全措施。

第五十条 用人单位根据劳动合同法第四条规定,通过民主程序制定的规章制度,不违反国家法律、行政法规及政策规定,并已向劳动者公示的,可以作为确定双方权利义务的依据。

用人单位制定的内部规章制度与集体合同或者劳动合同约定的内容不一致，劳动者请求优先适用合同约定的，人民法院应予支持。

第五十一条 当事人在调解仲裁法第十条规定的调解组织主持下达成的具有劳动权利义务内容的调解协议，具有劳动合同的约束力，可以作为人民法院裁判的根据。

当事人在调解仲裁法第十条规定的调解组织主持下仅就劳动报酬争议达成调解协议，用人单位不履行调解协议确定的给付义务，劳动者直接提起诉讼的，人民法院可以按照普通民事纠纷受理。

第五十二条 当事人在人民调解委员会主持下仅就给付义务达成的调解协议，双方认为有必要的，可以共同向人民调解委员会所在地的基层人民法院申请司法确认。

第五十三条 用人单位对劳动者作出的开除、除名、辞退等处理，或者因其他原因解除劳动合同确有错误的，人民法院可以依法判决予以撤销。

对于追索劳动报酬、养老金、医疗费以及工伤保险待遇、经济补偿金、培训费及其他相关费用等案件，给付数额不当的，人民法院可以予以变更。

第五十四条 本解释自2021年1月1日起施行。

最高人民法院关于审理劳动争议案件适用法律问题的解释（二）

（2025年2月17日最高人民法院审判委员会第1942次会议通过 2025年7月31日最高人民法院公告公布 自2025年9月1日起施行 法释〔2025〕12号）

为正确审理劳动争议案件，根据《中华人民共和国民法典》《中华人民共和国劳动法》《中华人民共和国劳动合同法》《中华人民共和国民事诉讼法》《中华人民共和国劳动争议调解仲裁法》等相关法律规定，结合审判实践，制定本解释。

第一条 具备合法经营资格的承包人将承包业务转包或者分包给不具备合法经营资格的组织或者个人，该组织或者个人招用的劳动者请求确认承包人为承担用工主体责任单位承担支付劳动报酬、认定工伤后的工伤保险待遇等责任的，人民法院依法予以支持。

第二条 不具备合法经营资格的组织或者个人挂靠具有合法经营资格的单位对外经营，该组织或者个人招用的劳者请求确认被挂靠单位为承担用工主体责任单位,承担支付劳动报酬、认定工伤后的工伤保险待遇等责任的,人民法院依法予以支持。

第三条 劳动者被多个存在关联关系的单位交替或者同时用工,其请求确认劳动关系的,人民法院按照下列情形分别处理:

(一)已订立书面劳动合同,劳动者请求按照劳动合同确认劳动关系的,人民法院依法予以支持;

(二)未订立书面劳动合同的,根据用工管理行为,综合考虑工作时间、工作内容、劳动报酬支付、社会保险费缴纳等因素确认劳动关系。

劳动者请求符合前款第二项规定情形的关联单位共同承担支付劳动报酬、福利待遇等责任的,人民法院依法予以支持,但关联单位之间依法对劳动者的劳动报酬、福利待遇等作出约定且经劳动者同意的除外。

第四条 外国人与中华人民共和国境内的用人单位建立用工关系,有下列情形之一,外国人请求确认与用人单位存在劳动关系的,人民法院依法予以支持:

(一)已取得永久居留资格的;

(二)已取得工作许可且在中国境内合法停留居留的;

（三）按照国家有关规定办理相关手续的。

第五条 依法设立的外国企业常驻代表机构可以作为劳动争议案件的当事人。当事人申请追加外国企业参加诉讼的，人民法院依法予以支持。

第六条 用人单位未依法与劳动者订立书面劳动合同，应当支付劳动者的二倍工资按月计算；不满一个月的，按该月实际工作日计算。

第七条 劳动者以用人单位未订立书面劳动合同为由，请求用人单位支付二倍工资的，人民法院依法予以支持，但用人单位举证证明存在下列情形之一的除外：

（一）因不可抗力导致未订立的；

（二）因劳动者本人故意或者重大过失未订立的；

（三）法律、行政法规规定的其他情形。

第八条 劳动合同期满，有下列情形之一的，人民法院认定劳动合同期限依法自动续延，不属于用人单位未订立书面劳动合同的情形：

（一）劳动合同法第四十二条规定的用人单位不得解除劳动合同的；

（二）劳动合同法实施条例第十七条规定的服务期尚未到期的；

（三）工会法第十九条规定的任期未届满的。

第九条 有证据证明存在劳动合同法第十四条第三款规定的"视为用人单位与劳动者已订立无固定期限劳动合同"情形，劳动者请求与用人单位订立书面劳动合同的，人民法院依法予以支持；劳动者以用人单位未及时补订书面劳动合同为由，请求用人单位支付视为已与劳动者订立无固定期限劳动合同期间二倍工资的，人民法院不予支持。

第十条 有下列情形之一的，人民法院应认定为符合劳动合同法第十四条第二款第三项"连续订立二次固定期限劳动合同"的规定：

（一）用人单位与劳动者协商延长劳动合同期限累计达到一年以上，延长期限届满的；

（二）用人单位与劳动者约定劳动合同期满后自动续延，续延期限届满的；

（三）劳动者非因本人原因仍在原工作场所、工作岗位工作，用人单位变换劳动合同订立主体，但继续对劳动者进行劳动管理，合同期限届满的；

（四）以其他违反诚信原则的规避行为再次订立劳动合同，期限届满的。

第十一条 劳动合同期满后，劳动者仍在用人单位工作，用人单位未表示异议超过一个月,劳动者请求用人单位以原条件续订劳动合同的,人民法院依法予以支持。

符合订立无固定期限劳动合同情形,劳动者请求用人单位以原条件订立无固定期限劳动合同的,人民法院依法予以支持。

用人单位解除劳动合同,劳动者请求用人单位依法承担解除劳动合同法律后果的,人民法院依法予以支持。

第十二条 除向劳动者支付正常劳动报酬外,用人单位与劳动者约定服务期限并提供特殊待遇,劳动者违反约定提前解除劳动合同且不符合劳动合同法第三十八条规定的单方解除劳动合同情形时,用人单位请求劳动者承担赔偿损失责任的,人民法院可以综合考虑实际损失、当事人的过错程度、已经履行的年限等因素确定劳动者应当承担的赔偿责任。

第十三条 劳动者未知悉、接触用人单位的商业秘密和与知识产权相关的保密事项,劳动者请求确认竞业限制条款不生效的,人民法院依法予以支持。

竞业限制条款约定的竞业限制范围、地域、期限等内容与劳动者知悉、接触的商业秘密和与知识产权相关的保密事项不相适应,劳动者请求确认竞业限制条款超过合理比例部分无效的,人民法院依法予以支持。

第十四条 用人单位与高级管理人员、高级技术人员和其他负有保密义务的人员约定在职期间竞业限制条款,劳动者以不得约定在职期间竞业限制、未支付经济补偿为由请求确认竞业限制条款无效的,人民法院不予支持。

第十五条 劳动者违反有效的竞业限制约定,用人单位请求劳动者按照约定返还已经支付的经济补偿并支付违约金的,人民法院依法予以支持。

第十六条 用人单位违法解除或者终止劳动合同后,有下列情形之一的,人民法院可以认定为劳动合同法第四十八条规定的"劳动合同已经不能继续履行":

(一)劳动合同在仲裁或者诉讼过程中期满且不存在应当依法续订、续延劳动合同情形的;

(二)劳动者开始依法享受基本养老保险待遇的;

(三)用人单位被宣告破产的;

(四)用人单位解散的,但因合并或者分立需要解散的除外;

(五)劳动者已经与其他用人单位建立劳动关系,对完成用人单位的工作任务造成严重影响,或者经用人单位提出,不与其他用人单位解除劳动合同的;

(六)存在劳动合同客观不能履行的其他情形的。

第十七条 用人单位未按照国务院安全生产监督管理部门、卫生行政部门的规定组织从事接触职业病危害作业的劳动者进行离岗前的职业健康检查,劳动者在双方解除劳动合同后请求继续履行劳动合同的,人民法院依法予以支持,但有下列情形之一的除外:

(一)一审法庭辩论终结前,用人单位已经组织劳动者进行职业健康检查且经检查劳动者未患职业病的;

(二)一审法庭辩论终结前,用人单位组织劳动者进行职业健康检查,劳动者无正当理由拒绝检查的。

第十八条 用人单位违法解除、终止可以继续履行的劳动合同,劳动者请求用人单位支付违法解除、终止决定作出后至劳动合同继续履行前一日工资的,用人单位应当按照劳动者提供正常劳动时的工资标准向劳动者支付上述期间的工资。

用人单位、劳动者对于劳动合同解除、终止都有过错的,应当各自承担相应的责任。

第十九条 用人单位与劳动者约定或者劳动者向用人单位承诺无需缴纳社会保险费的,人民法院应当认定该约定或者承诺无效。用人单位未依法缴纳社会保险费,劳动者根据劳动合同法第三十八条第一款第三项规定请求解除劳动合同、由用人单位支付经济补偿的,人民法院依法予以支持。

有前款规定情形,用人单位依法补缴社会保险费后,请求劳动者返还已支付的社会保险费补偿的,人民法院依法予以支持。

第二十条 当事人在仲裁期间因自身原因未提出仲裁时效抗辩,在一审或者二审诉讼期间提出仲裁时效抗辩的,人民法院不予支持。当事人基于新的证据能够证明对方当事人请求权的仲裁时效期间届满的,人民法院应予支持。

当事人未按照前款规定提出仲裁时效抗辩,以仲裁时效期间届满为由申请再审或者提出再审抗辩的,人民法院不予支持。

第二十一条 本解释自2025年9月1日起施行。《最高人民法院关于审理劳动争议案件适用法律问题的解释(一)》(法释〔2020〕26号)第三十二条第一款同时废止。最高人民法院此前发布的司法解释与本解释不一致的,以本解释为准。

人力资源社会保障部办公厅 最高人民法院办公厅 司法部办公厅 全国总工会办公厅 全国工商联办公厅 中国企联办公室关于加强新就业形态劳动纠纷一站式调解工作的通知

（2024年1月19日　人社厅发〔2024〕4号）

各省、自治区、直辖市人力资源社会保障厅（局）、高级人民法院、司法厅（局）、总工会、工商联、企业联合会/企业家协会，新疆生产建设兵团人力资源社会保障局、新疆维吾尔自治区高级人民法院生产建设兵团分院、司法局、总工会、工商联、企业联合会/企业家协会：

为深入贯彻落实党的二十大报告关于"完善劳动关系协商协调机制，完善劳动者权益保障制度，加强灵活就业和新就业形态劳动者权益保障"部署要求，着力维护新就业形态劳动者劳动保障权益，现就加强新就业形态劳动纠纷一站式调解（以下简称一站式调解）工作通知如下：

一、充分认识做好新就业形态劳动纠纷调解工作的重要性。近年来,平台经济迅速发展,新就业形态劳动者数量大幅增加,新就业形态劳动纠纷随之增多,新就业形态劳动者维权难、多头跑问题凸显。各地要深入学习贯彻习近平总书记关于"坚持和发展新时代'枫桥经验'""坚持把非诉讼纠纷解决机制挺在前面""抓前端、治未病"等重要指示批示精神,认真践行以人民为中心的发展思想,充分发挥协商调解在矛盾纠纷预防化解和诉源治理中的基础性作用,立足预防、立足调解、立足法治、立足基层,进一步强化多部门协同合作,实现各类调解衔接联动,推动新就业形态劳动纠纷一体化解,服务平台经济规范健康持续发展,维护劳动关系和谐与社会稳定。

二、探索构建一站式调解工作新模式。平台经济活跃、新就业形态劳动纠纷较多地区的人力资源社会保障部门、人民法院、司法行政部门、工会、工商联、企业联合会等单位应当加强合作,充分发挥劳动争议调解、人民调解、司法调解特点优势,积极探索打造"人社牵头、部门协同、行业参与"的工作格局,构建新就业形态劳动纠纷一站式多元联合调解工作模式,在劳动人事争议仲裁院调解中心或者根据实际在相关调解组织增加联合调解职能,有条件的可设立一站式调解中心,做好各类调解衔接联动工作,合力化解新就业形态劳动纠纷。

三、规范有序开展一站式调解工作。根据《中华人民共和国劳动争议调解仲裁法》《中华人民共和国民事诉讼法》及《关于维护新就业形态劳动者劳动保障权益的指导意见》(人社部发〔2021〕56号)等法律政策,受理新就业形态劳动者与平台企业和用工合作企业(以下简称企业)之间因劳动报酬、奖惩、休息、职业伤害等劳动纠纷提出的调解申请,并根据法律法规政策规定及争议事实,遵循平等、自愿、合法、公正、及时原则,注重服务平台经济规范健康持续发展与保护劳动者合法权益并重,帮助当事人在互谅互让的基础上自愿达成调解协议,促进矛盾纠纷实质化解。

四、优化完善一站式调解流程。接到现场调解申请,应当指导申请人写明基本情况、请求事项和事实理由并签字确认;接到通过网络等渠道发来的调解申请,应当及时审核申请内容、材料是否清晰完整并告知当事人。对属于受理范围且双方当事人同意调解的,应当尽快完成受理。对不属于受理范围或者一方当事人不同意调解的,应当做好记录,并口头或者书面通知申请人。调解应当自受理之日起15日内结束,但双方当事人同意延期的可以延长,延长期限最长不超过15

日。发生涉及人数较多或者疑难复杂、社会影响力大的劳动纠纷，应当及时报告相关部门，安排骨干调解员迅速介入，积极开展协商调解，并配合相关职能部门和行业主管部门做好联合约谈、现场处置等工作，推动重大集体劳动纠纷稳妥化解。

五、促进调解协议履行和调解与仲裁、诉讼衔接。经调解达成调解协议的，由一站式调解中心或者开展联合调解工作的调解组织制作调解协议书。建立调解协议自动履行激励机制，引导当事人自动履行调解协议。不能立即履行，依照法律规定可以申请仲裁审查或者司法确认的，引导当事人依法提出申请。对不属于联合调解受理范围、一方当事人不同意调解或者未能调解成功的新就业形态劳动纠纷，要依法引导当事人向有管辖权的仲裁机构申请仲裁或者向人民法院提起诉讼。

六、创新推进线上线下融合调解。充分利用人力资源社会保障部门、人民法院、司法行政部门、工会、工商联、企业联合会等单位在线调解平台，做好劳动纠纷"总对总"在线诉调对接，对符合在线调解条件的劳动纠纷开展全流程在线调解活动，包括提交调解申请、音视频调解、司法确认、法律咨询等，为新就业形态劳动者提供优质、低成本的多元解纷服务。

七、切实加强组织领导。人力资源社会保障部门、人民法院、司法行政部门、工会、工商联、企业联合会等单位要密切协作，强化组织保障，设立一站式调解中心的，由设立单位安排人员派驻、轮驻，也可吸收其他调解组织调解员、劳动争议仲裁员、劳动保障法律监督员和律师、专家学者等社会力量开展工作。积极争取交通运输、应急管理、市场监管等职能部门和行业主管部门支持，共同建立健全维护新就业形态劳动者合法权益联动工作机制。人力资源社会保障部门发挥牵头作用，做好组织协调、办案指导等工作，提供协助协商、就业帮扶等服务；人民法院根据需要设置人民法院巡回审判点（窗口）等，会同有关部门进一步畅通调解、仲裁与诉讼、执行衔接渠道，积极履行指导调解的法定职能；司法行政部门通过在一站式调解中心派驻人民调解工作室、引导激励律师参与公益法律服务等方式，做好一站式调解工作；工会、工商联和企联组织选派工作人员或者推荐行业领域专业人员积极参与一站式调解工作。相关职能部门、行业主管部门规范企业经营行为，做好综合监督工作。各单位共同加强宣传，及时总结推广经验做法，营造良好社会氛围。

附录二 实用工具

劳动人事争议仲裁申请书（范本）[①]

申请人：张××，男，汉族，××××年×月×日生，住所地：××省××市××小区×栋×号，公民身份证号码：×××；联系方式：×××。（所有信息要真实有效）

委托代理人：×××，×××律师事务所律师。

被申请人：×××公司，住所地：××市××路××号，联系方式：×××。（名称完整并准确无误，不能写简称；信息要真实有效，保证法律文书能够送达到单位）

法定代表人：×××，职务×××；电话：×××。

请求事项：（请求要明确，涉及金额要有具体的计算标准和过程，如计算过程复杂，可作为附件提交）

1. 被申请人支付申请人工伤保险待遇合计×××元（详见附件）；

2. 被申请人为申请人出具解除劳动合同证明书。

事实与理由：（简明扼要写清楚入职时间、争议时间和内

[①] 附录部分法律文书仅供参考。

容、离职时间等)

　　申请人于××××年×月进入×××公司×××部门工作,双方签订了劳动合同,最后一份合同期限自××××年×月×日至××××年×月×日,申请人的岗位为××。××××年,申请人月工资为×××元,入职后,被申请人没有为申请人办理社会保险。××××年×月×日,申请人在上班途中骑车被车撞倒,导致左胫骨外侧平台骨折。××××年×月×日,申请人被认定为工伤。××××年×月×日,××劳动能力鉴定委员会鉴定申请人劳动功能障碍×级。劳动能力鉴定后,被申请人仅支付了医疗费,未支付其他工伤保险待遇。申请人于××××年×月×日向被申请人提出辞职,被申请人未出具解除劳动合同证明书等。申请人请求仲裁委员会依法裁决支持申请人的仲裁请求,维护申请人的合法权益。

　　此致
×××劳动人事争议仲裁委员会

申请人:×××(必须本人签字)
××××年×月×日
(应为提交当天的日期)

附：工伤保险待遇计算明细表

1. 一次性伤残补助金： 元/月（本人工资）× 个月＝ 元

2. 停工留薪期工资： 元/月（本人工资）× 个月＝ 元

3. 停工留薪期护理费： 元/月（统筹地区上年度职工月平均工资）×80%× 个月＝ 元

4. 一次性伤残就业补助金： 元/月（统筹地区上年度职工月平均工资）× 个月＝ 元

5. 一次性工伤医疗补助金： 元/月（统筹地区上年度职工月平均工资）× 个月＝ 元

注：1. 有两个以上被申请人的，列明被申请人一、被申请人二等，并在仲裁请求中明确承担责任的主体；

2. 此范本适用于劳动者申请仲裁，申请人是用人单位的，可参照本申请书格式书写。

劳动争议纠纷民事起诉状

民事起诉状（范本）

原告：陈××，男，××××年×月×日出生，××市××区人，现住××市××区××路××号，公民身份证号码：×××，联系方式：×××。

委托代理人：×××，×××律师事务所律师。

被告：×××公司，住所地：××市××路××号，联系方式：×××。

法定代理人：×××；职务：×××；电话：×××。

诉讼请求：

1. 判令被告支付原告拖欠的工资×××元、加班费×××元，并支付拖欠工资、加班费25%的违约金×××元；

2. 判令被告支付原告解除劳动合同经济补偿金×××元，并支付经济补偿金的50%的违约金×××元；

3. 诉讼费由被告承担。

事实与理由：

我于××××年×月×日入职被告处工作，任职推销员，双方约定我每月工资××××元，加班费和提成奖金另计。自××××年×月起，被告拖欠我工资和加班费，共拖欠了工资×××元、加班费×××元。××××年×月，被告无故将我解雇，并且不支付解除劳动合同经济补偿金给我。我于×××年×月×日申请劳动仲裁，要求被告：支付我拖欠的工资×××元，加班费×××元，并支付拖欠工资、加班费25%的违约金×××元；支付我解除劳动合同经济补偿金×××元，并支付经济补偿金的50%的违约金×××元。但劳动争议仲裁委员会认为我的申诉已过诉讼时效（或：认为我的申诉理由不足），不予受理我的申诉（或：不予支持我的申诉请求）。现我提起诉讼，希望法院支持我的诉讼请求。

此致
×××人民法院

具状人：陈×× （签名）

××××年×月×日

图书在版编目（CIP）数据

中华人民共和国劳动争议调解仲裁法：注释红宝书 /《法律法规注释红宝书》编写组编. -- 北京：中国法治出版社，2025.8. --（法律法规注释红宝书）. -- ISBN 978-7-5216-5425-7

Ⅰ. D922.591.5

中国国家版本馆 CIP 数据核字第 2025M11Y13 号

责任编辑：成知博 潘环环	封面设计：赵 博

中华人民共和国劳动争议调解仲裁法：注释红宝书
ZHONGHUA RENMIN GONGHEGUO LAODONG ZHENGYI TIAOJIE ZHONGCAIFA：ZHUSHI HONGBAOSHU

编者/《法律法规注释红宝书》编写组
经销/新华书店
印刷/三河市紫恒印装有限公司
开本/880 毫米×1230 毫米 64 开　　　印张/ 3.625　字数/ 103 千
版次/2025 年 8 月第 1 版　　　　　　　2025 年 8 月第 1 次印刷

中国法治出版社出版
书号 ISBN 978-7-5216-5425-7　　　　　　　　　　　定价：14.00 元

北京市西城区西便门西里甲 16 号西便门办公区
邮政编码：100053　　　　　　　　　　　　　传真：010-63141600
网址：http://www.zgfzs.com　　　　　　编辑部电话：010-63141809
市场营销部电话：010-63141612　　　　　印务部电话：010-63141606

（如有印装质量问题，请与本社印务部联系。）